# KONTROLLIERT AUSSER KONTROLLE

Hanna-Charlotte Blumroth vom Lehn

# KONTROLLIERT AUSSER KONTROLLE

**Das Tagebuch einer Magersüchtigen**

SCHWARZKOPF & SCHWARZKOPF

# INHALT

*Du weißt, dass es so ist*
*Du lebst in einem Körper mit zwei Seelen,*
*Eigentlich wünschst du dir, eine würde fehlen*
*Da gibt's die eine, die ist gut*
*Durch sie schöpfst du immer wieder Mut*
*Da gibt's die andere, die ist schlecht*
*Und du weißt eigentlich, nur die gute hat recht*
*Doch ist das so?*
*Wenn du es weißt, wieso ist sie trotzdem da?*
*Einfach so? Weil es eben so war?*
*Schalte sie doch ab, ist doch kein Problem,*
*Du weißt, es würde dir dann viel besser gehn*
*Doch ist das so?*
*Du weißt auch, dass sie dich einzigartig macht*
*Und mit jedem Gramm ein Feuer in dir entfacht*
*Doch ist das so?*
*Du weißt, durch dieses Feuer wird dir warm,*
*Doch du weißt auch, was dieses Feuer mit dir macht:*
*Dein Herz wird dadurch arm.*

# Heute.

Heute sitze ich hier und kann es kaum glauben. Vor mir liegen die über 300 Seiten meines Buches und ich weiß einfach nicht, was ich denken soll. Ich habe lange überlegt, ob ich meine tiefsten Gedanken wirklich öffentlich machen soll. Einerseits versuche ich, stolz auf mich zu sein, was immer noch sehr schwierig ist, anderseits habe ich eine Heidenangst, dass es Konsequenzen für mich haben wird, dass ich mit diesem Buch mein Innerstes preisgebe. Werde ich denn einen Freund finden, wenn er meine Vorgeschichte kennt? Werde ich vielleicht benachteiligt bei Bewerbungen? Ich weiß es nicht. Aber ich weiß, dass dieses Buch mir geholfen hat und es auch anderen helfen wird. Ich denke, es ist die richtige Entscheidung.

Durch das Schreiben konnte ich über meine Kranheit reflektieren. Erst gab es nur Tagebucheinträge, ganz für mich allein, doch irgendwann bemerkte ich, dass ich kein Buch kenne, in dem Magersuchtsgedanken so klar geschildert werden. Das Erstaunliche bei Magersucht ist ja, dass sich die Gedanken, der Magersüchtigen so unglaublich ähneln. Ich möchte zum einen den Betroffenen zeigen, dass sie nicht allein sind mit ihren Gedanken und zum anderen versuchen, deren Angehörigen und Freunden die Magersucht etwas näherzubringen. Es ist einfach so, dass Menschen, die nicht magersüchtig sind, meist nicht verstehen können, dass man nicht nur Angst hat, zu essen und zuzunehmen, sondern dass schnell immer mehr Ängste dazukommen und man irgendwann gar kein normales Leben mehr führen kann.

Aus diesem Grund finde ich, dass Betroffene, Angehörige, aber auch Leute, die noch nie etwas mit diesem Thema zu tun hatten, dieses Buch lesen sollten. Es ist nichts erfunden, übertrieben oder untertrieben. Alles ist vollkommen authentisch. Und wenn ich zurückblicke, war der Schreibprozess wie eine Selbsttherapie für mich. Kaum ein Therapeut konnte mir die Krankheit so nahebringen wie meine eigenen Gedanken. Vieles wurde mir erst bewusst, nachdem ich es niedergeschrieben hatte. Und ich empfehle allen, die mit dieser Krankheit zu tun haben, sich ihre Gedanken aufzuschreiben. Es hilft!

Trotz meiner Klinikaufenthalte und des langen Weges, den ich schon gegangen bin, bin ich oftmals immer noch hin- und hergerissen zwischen meinem Wunsch, dünn zu sein, und dem Wunsch, gesund zu sein. Ich muss einfach lernen, mit meinem Körper klarzukommen. Aber das ist sehr schwer. Manchmal glaube ich, ich werde nie zufrieden sein mit meinem Körper – egal, wie viel ich wiege.

Zurzeit treffe ich viele Freunde und Bekannte wieder, die mich lange nicht gesehen haben und sehen, dass ich zugenommen habe. Ständig klingt in meinen Ohren: »Hanna, du siehst ja so gut aus. Schön, dass es dir besser geht.«

Es ist schwer, das auszuhalten. Ich habe mich daran gewöhnt, zu hören, dass ich schlecht aussehe, und es ist nicht einfach zu erklären, dass es einem nicht sofort blendend geht, nur weil man mehr wiegt und gut erholt aussieht. Das ist ja das Schwierige an der Krankheit. Es auszuhalten. Ich bin noch lange nicht gesund und mein Essverhalten hat sich in den letzten Jahren auch nicht wirklich geändert, aber ich habe die Hoffnung, dass es nach und nach besser wird. Dass ich ein geregeltes Leben führen und irgendwann wieder normal essen kann.

Ich möchte, dass die Betroffenen wissen, dass sie es ohne Hilfe nicht schaffen können. Es mag sein, dass es Mädchen und Jungs gibt, die es allein geschafft haben, aber ich würde behaupten, dass deren Zahl sehr gering ist. Je dünner man ist, desto tiefer steckt man drin und desto dringender braucht man Hilfe. Welche Hilfe das sein soll, muss man selber ausprobieren. Die Familie kann dabei zwar unterstützend sein, aber sie kann das Kind oder den Jugendlichen nicht gesund machen. Egal, ob meine Mutter und meine Oma mich angefleht oder ob sie mir gedroht haben – je mehr sie mich unter Druck gesetzt haben, desto weniger hab ich gegessen.

Fakt ist: Man muss es selber wollen. Wenn man nicht selber dahinthersteht, kann man es nicht schaffen und dann kann einem auch niemand anders helfen. Wenn man starkes Untergewicht hat, braucht man auf jeden Fall professionelle Hilfe, aber auch ein Klinikaufenthalt wird wenig bringen, wenn man dort nicht lernt, seinen Körper zu akzeptieren. Es wird nichts bringen, solange man nicht selber gesund sein will. Ich kann das so genau sagen, weil ich viermal in der Klinik war und viermal nicht dorthin wollte.

Ob ich es jetzt will? Ich weiß es nicht. Aber ich weiß, dass ich mich nach einem normalen Leben sehne, dass es sich lohnt, zu kämpfen und nie aufzugeben. Man liebt sich nicht mehr, nur weil man dünn ist. Man muss lernen, sich zu akzeptieren und mit sich zufrieden zu sein. Aber ich glaube, das ist ein langer Lernprozess und nicht nur für mich, sondern für die meisten Menschen sehr schwer.

*München und Hamm,*
*im Herbst 2012*

*Eure Hanna-Charlotte*

# 1. KAPITEL

# Die Kontrolle schleicht sich heran

*Ostern bis August 2008*

Boah, das war zu viel! Konntest du dich wieder nicht beherrschen?« – »Du hast nicht zu viel gegessen, du hattest doch den ganzen Tag über kaum etwas, dann ist es doch klar, dass der Hunger umso größer ist.« – »Hunger hin oder her. Eine Portion hätte vollkommen gereicht und selbst die war zu groß. Auch wenn die Hälfte nur aus Salat bestand.«

Darf ich vorstellen? Meine zwei Stimmen im Kopf, die mich nicht in Ruhe lassen. Sie versuchen, mir Ratschläge zu geben, wie ich mich zu fühlen habe nach dem Essen. Es ist Ostern 2008 und gerade haben wir das Osteressen meiner Oma hinter uns. Ich bin pappsatt. Satt und zufrieden? Keinesfalls! Ich fühle mich zwiespältig, denke viel über das gerade Gegessene nach und entscheide mich, der ersten Stimme in meinem Kopf recht zu geben! Es war zu viel! So wird das nichts mit der gesunden Ernährung.

»Mama, Oma, darf ich aufstehen?«

»Ja klar, Schatz, räume nur deinen Teller bitte weg.«

Ich räume meinen Teller weg und überlege. Was jetzt? Wohin? Ich muss irgendwohin, wo ich ungestört bin und ein Waschbecken oder eine Toilette ist. Das Erdgeschoss ist zu nah zu den anderen. Ich renne die weiße Treppe meiner Oma hoch, doch auch hier bin ich nicht ungestört genug, weil meine Geschwister direkt nebenan vor dem Fernseher sitzen. Da fällt mir die Mansarde ein. Ich renne die nächste Treppe hoch, direkt zum Waschbecken, lehne mich darüber und stecke mir den Finger in den Hals, bis ich würgen muss. Immer und immer wieder. Die vielen Versuche kommen mir vor wie Stunden, meine Augen fangen an zu tränen, ich fange an zu zittern. Es dauert einige Zeit, bis ich brechen kann, doch es kommt viel zu wenig. Jetzt muss ich dranbleiben, egal wie ekelig ich mich fühle, egal wie sehr mir das Würgen wehtut.

Irgendwann kommt nichts mehr hoch. Wahrscheinlich waren es nur fünf bis zehn Minuten, doch es kam mir eher vor wie fünf bis zehn Stunden. Ich spüle das Waschbecken aus, wasche meine Hände, mein Gesicht. Mein Gesicht! Ich sehe im wahrsten Sinne des Wortes »zum Kotzen« aus. Meine Augen sind aufgequollen und tränen. Mein Mund ist rot und entzündet vom Aufreißen, den Händen und der Magensäure.

Soll ich mich jetzt gut oder schlecht fühlen? Zumindest bin ich erleichtert, dass es vorbei ist. Jetzt muss ich mich nur erst mal wieder ansehnlich machen und mich von den anderen fernhalten, damit keiner was bemerkt. Warum ich das mache? Nun ja, ich möchte mich gesund ernähren und auf meine Figur achten. Ich fühle mich undiszipliniert und habe deswegen jetzt auch wieder mit Leichtathletik angefangen, zwei- bis dreimal die Woche. Hinzu kommt dann noch das Tanzen donnerstags.

So wie heute geht es eigentlich die nächsten Monate weiter. Ich ernähre mich gesund, lasse »Sünden« weg und mache ganz viel Sport. Doch manchmal hab ich so großen Hunger, dass ich meiner Meinung nach zu viel gegessen habe, wenn ich satt bin, und übergebe mich deswegen. Außer dem Übergeben ab und zu macht mir das Ganze ziemlich Spaß. Ich fühle mich gesund und fit, auch wenn ich mich manchmal sehr quälen muss, zum Sport zu gehen. Wo sich dann auch gleich wieder meine zwei Begleiterinnen melden.

»Hanna, geh nicht zum Training, es ist so schönes Wetter. Leg dich in die Sonne, du hast doch eh keine Lust.«

»Doch, Hanna, du hast Lust. Stell dir vor, was dir das bringt: Du fühlst dich doch immer so gut nach dem Sport und außerdem kannst du dann einigermaßen beruhigt zu Abend essen.«

Okay! Ich sollte wirklich zum Training gehen. Allein dafür, dass ich schon wieder überlege, könnte ich mir in den Hintern beißen. Da leuchtet auf einmal eine Nachricht von meiner Freundin auf meinem Handy auf: »Hey! Kommst du auch gleich mit zum See, ein bisschen sonnen und so? Die anderen kommen auch alle!«

Na toll! Jetzt treffen sich alle und ich kann nicht mitkommen, nur wegen des scheiß Trainings. Aber ich muss dahin, ich zieh das jetzt durch, also schreibe ich zurück: »Hey! Nein, tut mir leid, aber habe jetzt gleich Training, vielleicht beim nächsten Mal!«

Wann das alles anfing? Ich weiß es nicht ganz genau. Als die ganze Familie und der neue Freund meiner Mutter im Jahr 2007/2008 im Skiurlaub waren, ging es mir, soweit ich weiß, ganz gut. Gerade hatte ich mich einigermaßen vom Tod meines über alles geliebten Opas, der an einem Gehirntumor gestorben war, erholt. Er war wie ein Vater für mich.

Ob ich damals schon ein Problem mit mir oder meiner Figur hatte, weiß ich nicht. Kurze Zeit nach diesem Urlaub entschieden der neue Freund meiner Mutter und sie, sich zu trennen. Es tat mir unglaublich leid für meine Mutter, da sie ihn, glaube ich, sehr mochte, wobei ich nicht sagen kann, ob sie ihn zu diesem Zeitpunkt schon richtig liebte. Für mich persönlich war es nicht so schlimm. Ich fand ihn zwar nett, mehr aber auch ehrlich gesagt nicht, also störte es mich nicht sonderlich. Ich würde sagen, dass es mir auch in diesem Zeitraum noch gut ging. Allerdings war seit einiger Zeit mein leiblicher Vater Thema in der Familie.

Damals, vor 18 Jahren, war meine Mutter mit ihm verheiratet und bekam mit ihm meinen Bruder und mich. Doch nach einiger Zeit stellte sie fest, dass er sie nur noch belog. Er war kaum zu Hause und von seinem Studium längst exmatrikuliert. Es stellte sich heraus, dass er Alkoholiker war. Sie fasste sich ein Herz und zog mit meinem Bruder und mir von München nach Hamm zu ihren Eltern.

Als ich zwei Jahre alt war, heiratete sie ein zweites Mal, einen Mann, der meinen Bruder und mich adoptierte. Meine Mutter war zehn Jahre mit ihrem zweiten Mann verheiratet und bekam noch zwei weitere Kinder. Meine Geschwister Maria und Robert. Das Bedürfnis, meinen leiblichen Vater kennenzulernen, hatte ich nie. Eher war ich sauer auf ihn, weil ich fand, dass es eigentlich seine Aufgabe war, den Kontakt zu seinen Kindern zu suchen. Ich sah immer den zweiten Mann meiner Mutter, meinen Adoptivvater, als meinen richtigen Vater an. Doch als meine anderen Geschwister auf die Welt kamen, wurde das Verhältnis kritischer.

Wenn Streit herrschte, waren die Großen schuld, sodass unter den Geschwistern ein Konkurrenzgerangel entstand. Doch auch die Ehe zwischen meinen Eltern lief nicht gut. Für meine Mutter war klar, dass an erster Stelle immer die Kinder stehen und dann der Ehemann kommt. Das konnte mein Vater oft nicht nachvollziehen, sodass in der Familie ein ständiger Kampf herrschte. Wenn wir uns mal wieder stritten, hatte es zur Folge, dass meine Mutter sich auf unsere Seite schlug und uns verteidigte. Es herrschte nur noch Streit. Man könnte es sogar als Teufelskreis beschreiben. Mein Vater stritt mit uns, meine Mutter verteidigte uns, dann stritten die beiden, dann verteidigten wir Kinder unsere Mutter und so ging es immer weiter. Das Widersprüchliche war, dass ich zwar tierisch sauer auf ihn war, er mir aber immer leidtat und ich ein schlechtes Gewissen hatte. Nach wochenlangem Schweigen zwischen Mama und Papa trennten sie sich und meine Mutter zog mit uns in eine Wohnung. Anschließend lebten wir mit unserer Mutter alleine und waren jedes zweite Wochenende bei meinem Vater. Anfänglich zog ich das noch durch, doch dann besuchte ich ihn immer weniger, da ich meine Mutter zu sehr vermisste.

Als mein Bruder dann 18 wurde, sprach meine Mutter ihn noch einmal auf seinen leiblichen Vater Sven an, denn nun hatte er sowieso den Wunsch, ihn kennenzulernen. Auch ich wurde gefragt, doch ich war immer noch der Überzeugung, dass die Kontaktaufnahme Aufgabe von ihm sei. Zuerst wurde Kontakt zu Svens Mutter, also unserer leiblichen Oma, aufgenommen und ein erstes Treffen vereinbart. Als dann immer mehr versucht wurde, ein Treffen zu organisieren, hatte auch ich Interesse, den anderen Teil meiner Familie kennenzulernen. Es war sehr seltsam, plötzlich vor Menschen zu stehen, von denen man eigentlich nichts weiß, und somit lernte ich meine Oma, meine Tante, drei Cousins und eine Cousine kennen.

Mein Vater war bei diesen Treffen nicht mit dabei. Ihm ging es zu dieser Zeit gesundheitlich schon sehr schlecht und er verschob die Treffen immer wieder, weil er sich nach Aussage meiner Oma sehr schämte. Er hatte sich für das Treffen mit meinem Bruder und mir extra einen neuen Anzug gekauft und dann sollte es endlich so weit sein. Am Ostersamstag sollten wir ihn das erste Mal zu Gesicht bekommen. Max und ich wussten allerdings auch, dass man die Zeichen des Alkohols und seiner schlechten Gesundheit sehen würde. Am Karfreitag, einen Tag vorher, klopfte es an meiner Zimmertür und Max kam herein. Ich bemerkte sofort an seinem Gesicht, dass irgendetwas nicht stimmte. Nicht weil er weinte oder traurig aussah. Nein. Eigentlich sah er aus wie immer und trotzdem sah er anders aus.

»Ich muss dir was sagen. Oma Ursel hat eben angerufen … Sven ist gestorben. An Organversagen.«

In diesem Moment wusste ich überhaupt nicht, wie ich reagieren sollte. Während Max das zu mir sagte, lächelte er zwar, doch ich wusste ganz genau, dass er eigentlich nicht lächeln wollte, also antwortete ich nur: »Oh, ähm ja. Okay. Danke fürs Sagen.«

Als er wieder hinausging, saß ich, glaube ich, zehn Minuten einfach nur da und guckte geradeaus. Ich wusste überhaupt nicht, was ich denken, geschweige denn tun sollte. Sollte ich weinen? Ich wusste ja nicht mal, ob ich traurig war. Sollte ich es einfach so hinnehmen? Schließlich kannte ich ihn gar nicht. Doch gerade, dass ich ihn nicht kannte, war so schwierig, denn langsam wurde mir klar, dass ich ihn auch niemals kennenlernen würde. Nach weiteren Minuten wusste ich dann, dass ich entweder traurig, enttäuscht oder wütend war, denn ich fing an zu weinen. Wenn mich jetzt jemand gefragt hätte, warum ich weinte, ich hätte die Frage nicht beantworten können. Ich weinte um jemanden, der wie ein geschlossenes Buch war. Ein Buch, das ich nie wieder öffnen konnte.

Trotzdem würde ich dieses Weinen nicht als Trauer beschreiben, da ich selbst nicht wusste warum, um wen, oder um was. Meiner Mutter musste ich nichts erklären. Ich glaube, sie wusste ganz genau, was ich dachte. Wenn ich von dem Tod meines Vaters erzähle, habe ich immer das Gefühl, ich müsse mich erklären. Erklären, warum ich betroffen bin, weil ich es mir selber nicht erklären kann. Außerdem habe ich das Gefühl, in ganz vielen Augen zu lesen: »Du kanntest ihn doch gar nicht.« Doch auch das war nur ein Gefühl.

Besonders in Erinnerung geblieben sind mir aus dieser Zeit die Zwischenfälle mit dem Übergeben nach dem Essen. Einen Tag nach dem Tod fand das beschriebene Osteressen bei meiner Oma Gerda statt. So geht es die nächsten Monate weiter. Eigentlich geht es mir gut und auch der Tod von Sven ist in den Hintergrund getreten. Ich fühle mich diszipliniert und fit, auch wenn ich mich manchmal mit unglaublichem Appetit herumquälen muss, was sich stark an meiner Laune bemerkbar macht und sich auf meine eigentliche Freundlichkeit auswirkt.

Auch meine Freundinnen und mein Freund werden stutzig.

»Sehen wir uns denn mal diese Woche irgendwann?«, fragt mich mein Freund.

»Also Montag, Mittwoch und Freitag bin ich beim Training«, erwidere ich.

»Ja, und ich habe Dienstag und Donnerstag Training und am Sonntag habe ich ein Fußballspiel, willst du dann vielleicht am Samstag zu mir kommen?«

Früher wollte ich meinen Freund am besten jeden Tag sehen. Am besten jedes Wochenende bei ihm verbringen. Am besten immer zusammen feiern gehen und zusammen die Feier verlassen. In dieser Hinsicht war meine Vorstellung von einer Beziehung sehr an den vielen Liebesbüchern und Liebesfilmen orientiert, die ich gelesen und gesehen hatte.

Aber jetzt hat sich der Spieß umgedreht. Jetzt gehe ich lieber zum Sport. Er merkt meine Veränderung und versucht, noch irgendetwas geradezubiegen. Er bemüht sich um mich, lädt mich zu sich ein. Doch ich denke nur noch daran, wie unerträglich ich meinen Körper finde.

Bald sehen wir uns immer seltener und so geht die Beziehung mit ihm zu Ende, eine Beziehung, in der ich eigentlich sehr glücklich war.

Nicht nur die Beziehung zu meinem Freund geht in die Brüche.

Durch die Sorgen meiner Mutter streite ich mich immer mehr mit ihr und auch mit meinen Geschwistern. Es geht mir einfach alles und jeder auf die Nerven. Der Höhepunkt kommt aber erst noch.

Es ist Sommer 2008. Ein weiterer Urlaub im Schwarzwald steht vor der Tür. Eigentlich habe ich überhaupt keine Lust, mit meinen Geschwistern und meiner Mutter auf einen Bauernhof zu fahren, mit fast 17 Jahren, doch andererseits freue ich mich total darauf, mir zwei wundervolle Wochen mit meiner Mutter zu machen. Shoppen gehen, gemeinsam etwas unternehmen. Einfach einen Frauenurlaub machen. Vor einigen Wochen ist Mama auch wieder mit ihrem vorherigen Freund Matthias zusammengekommen. Kurz vor dem Urlaub heißt es dann: »Matthias kommt übrigens nach einer Woche nach zu uns in den Urlaub, ist das nicht schön?«

Wunderschön. Ich könnte kotzen. Doch ändern kann ich es nicht. Ich versuche, mich damit abzufinden und mich einfach auf die erste Woche zu freuen. Die Autofahrt in Richtung Schwarzwald ist super. Ich sitze die ganze Zeit vorne neben meiner Mutter, unterhalte mich ununterbrochen mit ihr und höre Musik. Kurz bevor wir ankommen, gehen wir noch einkaufen für einen schönen ersten Urlaubsabend »à la famille« vor dem Fernseher.

Als es so weit ist, klingelt plötzlich Mamas Handy und sie verschwindet für einige Zeit im Schlafzimmer zum Telefonieren. Als sie wiederkommt, strahlt sie übers ganze Gesicht und meint: »Ich hab eine ganz tolle Überraschung für euch. Matthias kann morgen schon zu uns nachkommen.«

Als ich diesen Satz höre, ist es, als würde mir jemand ein Messer ins Herz rammen. Mein Hals schnürt sich zu, weil ich mich extrem zwingen muss, meine Tränen zu verstecken, also versuche ich, aggressiv zu reagieren: »Mann, immer dieses ganze Hin und Her, hätte er das nicht vorher gewusst? Ich hab keinen Bock darauf.«

»Keinen Bock? Ich dachte, dass ihr euch darauf freut. Soll ich ihm sagen, dass er nicht kommen soll?«

»Oh, nein, Mann! Ist mir auch egal. Ich geh jetzt ins Bett.«

So geht es eigentlich den ganzen Urlaub weiter. Meine Mutter versucht, verständnisvoll zu sein, den Urlaub für alle schön zu machen und zu vermitteln zwischen Matthias und den Kindern, doch es ist der schrecklichste Urlaub überhaupt und mit mir und meinem Charakter geht es von nun an nur noch bergab. Ich fühle mich wie ein Stein in Matthias' Nähe und versuche, wo ich nur kann, meine schlechte Laune zu zeigen und sie an ihm auszulassen, wobei ich im Nachhinein weiß, dass es nicht an ihm lag, sondern daran, dass ich mit mir nichts mehr anfangen kann.

Ich fühle mich fett und hässlich und unsportlich und einfach total unausgeglichen. Jedes Mal, wenn mir irgendjemand aus der Familie etwas zu essen anbietet oder einfach nur fragt, ob ich ein Eis möchte, entsteht sofort ein Streit.

»Nein, ich will kein Eis!«

»Wieso nicht, du hast doch bis jetzt nur gefrühstückt und warum bist du überhaupt schon wieder so schlecht drauf, es hat dir niemand etwas getan, das war eine ganz normale Frage von uns.«

»Checkt ihr es eigentlich nicht? Ich hab halt keinen Bock auf ein Eis!«

»Also ich hab mir das jetzt schon fast eine Woche lang angeguckt, wenn das so weitergeht mit deiner ständigen Meckerei und diesem absolut unangebrachten Benehmen, setze ich dich in den Zug nach Hamm.«

»Mach doch. Ich hatte eh keine Lust auf diesen scheiß Urlaub. Welcher normale Mensch muss schon mit fast 17 Jahren mit seiner Familie auf einen abgegammelten Bauernhof fahren.«

»Jetzt ist Schluss! Setz dich sofort ins Auto und komm mir ja nicht unter die Augen in den nächsten drei Stunden. Ich gehöre eben nicht zu den Müttern, die ihre Töchter mit irgendwelchen Leuten in irgendwelche Länder fahren lassen, wo sie jeden Moment verschleppt werden können.«

»Ts, ist wahrscheinlich immer noch besser als dieser Urlaub.«

»Was hast du gesagt?« Meine Mutter ist kaum noch zu halten.

»Nichts hab ich gesagt, Mann, lass mich einfach in Ruhe!«

Die nächsten Stunden verbringe ich im Auto. Am liebsten würde ich gleichzeitig schreien und heulen. Ich bin so sauer. Was bilden die sich eigentlich ein? Dass wir einen auf tolle neue Familie machen? Wir hätten uns so einen schönen Urlaub machen können und dann kommt der daher und fühlt sich wie so ein toller neuer Vater und macht einen auf verliebt. Ich könnte kotzen, wenn ich die beiden turteln sehe. Ehrlich gesagt, kotze ich sogar, wenn ich an manchen Tagen etwas mehr gegessen hab und ich mich wieder nur schäbig und fett fühle. Eigentlich bestand der Urlaub bis jetzt nur aus Streit, Fasten, Kotzen, Joggen und Sit-ups-Machen. Genau. Jeden Abend geh ich schon vor neun ins Bett, so kann ich ein Buch lesen und nebenher Sit-ups machen, um abzunehmen. An manchen Abenden habe ich da eigentlich überhaupt keine Lust drauf, doch ich mache es trotzdem. Ich kann mich immer wieder motivieren und wenn es nur meine beschissene Laune ist, die mich dazu antreibt.

Ich denke ganz viel darüber nach, was mich so besessen macht. Woher kommt diese plötzliche Abneigung gegen Matthias? Im Winterurlaub war er doch auch mit dabei und da konnte ich ihn eigentlich sehr gut akzeptieren. Vielleicht ist es für mich einfach zu ungewohnt, meine Mutter verliebt zu sehen. Im Winterurlaub kam mir die Beziehung zwischen den beiden noch eher locker vor und Mama hat Matthias auch mal gerne veräppelt oder mit mir zusammen Späßchen über ihn gemacht. Doch jetzt ist es einfach etwas anderes zwischen den beiden. Beide haben auf einmal gemerkt, was sie am anderen haben und was sie sich gegenseitig wert sind.

Ich habe meine Mutter noch nie verliebt gesehen. Das ist total fremd. Ich würde es sogar als außerirdisch bezeichnen. Wenn sie sich küssen oder herumturteln, fühlt es sich an, als würde man mir das Herz herausreißen. Aber ich weiß nicht wirklich, was mich daran stört. Stört mich Matthias als Person? Eigentlich mochte ich ihn bis jetzt sehr gern. Oder stört mich ein neuer Mann allgemein? Ist es einfach eine ungewohnte Situation oder habe ich Angst, meine Mutter zu verlieren? Eigentlich ist mir ganz genau bewusst, dass ich meine Mutter niemals verlieren würde. Wir sind das Wichtigste in ihrem Leben. Das war immer so und das wird auch immer so sein. Das hat sie uns sozusagen eingeimpft. Doch warum bin ich dann so eifersüchtig? Es ist einfach nichts mehr wie früher. Sonst waren meine Mutter und ich immer ein Team und jetzt bin ich nur noch auf Abwehr und Abstand. Hinzu kommt noch, dass ich jetzt wahnsinnigen Hunger habe.

Anstatt etwas zu essen, schnappe ich mir meine obligatorische Wasserflasche und trinke etwas. Das hat keine Kalorien und macht mich wenigstens für kurze Zeit satt. Während ich mich mit meinem Hunger und diesen bescheuerten Gedanken herumschlage, kommt der Rest der Familie zum Auto. Am liebsten würde ich mich jetzt in Luft auflösen. Doch ich bleibe einfach auf meinem Platz sitzen und gucke aus dem Fenster, während wir zurück zu unserer Ferienwohnung fahren. Hauptsächlich sehne ich mich jetzt nach meinem Bett und vollständiger Ruhe. Am besten bis zum Ende des Urlaubs. Doch das bleibt ein Traum, denn nach einem weiteren schrecklichen Abendessen gehe ich ins Bad und merke, wie meine Mutter hinter mir herkommt und die Tür abschließt.

»Du sagst mir jetzt sofort, was mit dir los ist, eher kommst du hier nicht raus.«

»Ich hab doch schon gesagt, dass nichts ist, Mann, lass mich doch einfach in Ruhe.«

»Ich lass dich ganz bestimmt nicht in Ruhe und gucke zu, wie du immer weniger isst und ein völlig anderer Mensch wirst. Ich erkenne dich ja gar nicht wieder. Ich hab dich den ganzen Urlaub noch nicht einmal lachen gesehen und sonst hast du ein Späßchen nach dem anderen gemacht. Wenn ich da alleine an den Skiurlaub denke, das war doch unglaublich lustig mit dir.«

»Ja war es auch. Aber zurzeit hab ich halt schlechte Laune, mehr aber auch nicht. Da muss man jetzt auch kein Drama draus machen.«

»Kein Drama? Du bist total verändert. Allein schon dein ganzes Essverhalten. Man sieht jetzt schon, dass du abgenommen hast, und das Wasser trinkst du doch auch nur, um abzunehmen oder dein Hungergefühl zu unterdrücken.«

»So ein Schwachsinn. Ich hab mir einfach nur vorgenommen, mehr zu trinken und auf meine Ernährung zu achten. Ich möchte einfach gesünder leben. Außerdem hab ich 'ne Wampe, die ich loswerden will, mit der fühle ich mich nämlich nicht wohl.«

»Willst du mich veräppeln? Wo hast du denn eine Wampe? Im Winter hattest du noch so eine wundervolle Figur und jetzt bist du total schmal geworden. Wie kommst du auf einmal darauf, abnehmen zu wollen? Früher hast du dich immer über so Magerhippen aufgeregt und jetzt bist du selber auf so einem Trip.«

»Auf einem Trip bin ich schon mal gar nicht. Und ich will niemals in meinem Leben dick sein und damit das nicht passiert, achte ich eben auf meine Ernährung und mache viel Sport.«

»Du warst doch noch nie in deinem ganzen Leben dick und wirst auch nie in deinem Leben dick sein. Das würde überhaupt nicht in unsere Familie passen oder kennst du irgendjemanden in unserer Familie, der dick ist? Niemand. Und wir haben auch keinen, der Ernährungsprobleme hat, wir achten von Natur aus schon auf gesunde Ernährung, weil wir gar nicht der Typ für ungesundes Essen sind. Außerdem hattest du das früher doch auch nicht.«

»Früher hatte ich auch keine Wampe und Sport gemacht habe ich ja wohl schon immer. Ich hab einfach nur schlechte Laune. Punkt! Darf ich jetzt gehen?«

»Du darfst erst gehen, wenn ich eine ordentliche Antwort bekommen hab. Ich glaube dir nicht, dass sonst nichts ist. Und schlechte Laune hat man auch nicht einfach so. Zumindest nicht in dem Ausmaß, wie es bei dir gerade ist. Man kommt ja überhaupt nicht mehr an dich heran. Sobald man dir eine Frage stellt oder versucht, dich ins Familienleben einzubeziehen, pflaumst du denjenigen an, als hätte man dir sonst etwas getan. Man kann ja kein normales Wort mit dir wechseln. Deine Geschwister trauen sich schon gar nicht mehr, dich überhaupt anzusprechen. Und wie du mit Matthias umgehst, ist unter aller Sau. So kenne ich dich gar nicht, so warst du doch früher auch nicht zu ihm und so hab ich dich auch nicht erzogen. Hat es etwas mit Matthias zu tun? Du kannst mir das ruhig sagen, ich bin dann nicht traurig oder so. Ich könnte das sogar verstehen. Immerhin haben wir jetzt so lange ohne Mann gelebt und selbst als ich noch mit deinem Vater verheiratet war, waren wir ja eigentlich immer mehr unter uns. Und jetzt kommt plötzlich jemand in die Familie, der versucht, sich einzubringen und an der Seite deiner Mutter steht.«

»Totaler Schwachsinn. Ich finde die Situation einfach komisch, mehr nicht. Ist mir doch scheißegal, was er macht.«

»Aber warum? Das muss doch irgendeinen Grund haben. Denkst du vielleicht, dass er ein Vaterersatz sein will? Er wird euch niemals ein Vaterersatz sein können. Das möchte er auch gar nicht. Er möchte mehr ein Freund oder eine Vertrauensperson für euch sein. Den Vater kann euch nämlich nichts und niemand ersetzen.«

»Selbst wenn. Auf einen Vaterersatz würde ich eh scheißen. Ich hab halt einfach keinen Bock darauf, wenn er sagt: ›Wir sind jetzt eine Familie.‹ Sind wir ganz bestimmt nicht.«

»Das meinte er wahrscheinlich gar nicht so. Er ist eben einfach glücklich, dass er jetzt wieder bei uns ist. Und er findet euch alle vier so toll und möchte sich ganz große Mühe geben, dass ihr euch wohlfühlt. Doch es ist vollkommen verständlich, dass das eine blöde Situation für dich ist. Aber es wird alles so sein wie vorher. Du weißt, dass an erster Stelle immer du und deine Geschwister kommen. Und da kann kommen, wer will, das wird auch immer so bleiben. Das ist bei Müttern so. Aber Matthias versteht das vollkommen und für ihn ist das genauso selbstverständlich wie für mich. Da würde er sich niemals dazwischendrängen.«

Plötzlich kann ich meinen Kloß im Hals, meine steife Haltung und meine Tränen, die jeden Moment kommen könnten, nicht mehr aushalten. Ich fange ganz stark an zu weinen und pöble los: »Dann soll er nicht so einen Schmarren von toller neuer Familie labern. Selbst wenn er sich Mühe gibt, finde ich das unangenehm.«

»Aber was genau findest du unangenehm? Dass er mit mir zusammen ist? Dass er mit im Urlaub ist? Dass er überhaupt einfach da ist?«

»Meine Fresse, ich weiß es doch selber nicht. Er gibt sich ja Mühe und ist nett und freundlich und versucht, sich so gut wie möglich einzubringen, deswegen versteh ich das ja auch eigentlich nicht. Aber ich fühle mich in seiner Gegenwart immer wie ein Holzklotz. Total verkrampft und auf Abwehr. Wie bei einem Fremden.«

»Ist er dir denn so fremd?«

»Nein. Das ist es ja gerade. Matthias ist ja eigentlich kein Fremder mehr für uns.«

»Aber vielleicht ist es das Problem, dass du einfach generell etwas gegen Männer hast oder sie von vorneherein ablehnst. Das könnte ich sogar verstehen, denn bis jetzt hast du ja nur negative Erfahrungen damit gemacht.«

»Ja, ne, ist klar. Ich hab doch nicht generell was gegen Männer. Mit anderen Männern komm ich doch auch klar und finde sie nett.«

»Dann liegt es vielleicht doch daran, dass es ein Mann ist, mit dem ich zusammen bin.«

»Oh nein! Ich finde halt die Situationen manchmal so schnulzig.«

»Ja, das kann ich schon auch verstehen. Das muss er eben noch lernen, dass das momentan unangebracht ist, von einer Familie zu reden. Den Kleinen gefällt es bestimmt, die fühlen sich damit wohl, aber für dich ist das was anderes. Du bist älter und kannst mit so einem Gerede momentan nichts anfangen. Das hab ich ihm aber auch schon gesagt, dass er das lieber lassen sollte. Aber für ihn ist die Situation genauso schwierig. Er quält sich mit Schuldgefühlen herum, weil wir uns damals kurz vor Ostern getrennt haben. Dadurch hat er unglaublich an Vertrauen bei euch verloren und wahrscheinlich weiß er nicht, wie er das wiedergutmachen soll, und ist jetzt vielleicht etwas zu sehr bemüht. Er weiß doch selber nicht, wie er mit der Situation umgehen soll. Bis jetzt bestand sein Leben doch auch nur aus der Zweisamkeit mit seiner Lebensgefährtin, Golfspielen und abends vor dem Kamin zu sitzen mit einem Gläschen Wein. Er selbst hat gar keine Kinder und die Kinder von ihr sind schon erwachsen. Und jetzt ist er auf einmal mit einer alleinerziehenden Mutter mit vier Kindern zusammen. Da wird er noch viel lernen müssen und ich glaube, dass das auch noch ziemlich hart für ihn wird.«

»Ja, das weiß ich doch alles. Trotzdem fand ich es blöd, dass er jetzt so plötzlich mit in den Urlaub gefahren ist. Da hatte ich halt keinen Bock drauf.«

»Das hab ich mir schon fast gedacht, für mich kam das auch plötzlich. Doch er hat sich so sehr darauf gefreut und wollte so schnell wie möglich kommen. Ich glaube, dass er auch damit versucht, irgendetwas wiedergutzumachen. Doch dass der Urlaub darunter leidet, wollte ich auf keinen Fall. Deswegen bin ich doch auch ständig auf dich zugegangen, weil das für mich auf keinen Fall ein Pärchenurlaub werden sollte. Ich wollte auch Zeit mit dir zusammen verbringen, aber ich bin ja nie an dich herangekommen. Jedes Mal, wenn ich versucht habe, dich anzusprechen, hast du so aggressiv reagiert. Ich wusste manchmal gar nicht, wie ich reagieren sollte, weil du so abweisend warst. Ich werde auf jeden Fall mit Matthias reden und die nächsten Tage möchte ich mich mehr um dich kümmern. Du darfst dir aussuchen, was wir zusammen machen. Und du entscheidest, ob wir etwas mit den anderen zusammen machen oder den Tag einfach nur zu zweit verbringen. Matthias würde das auch verstehen. Dann muss er sich eben mit den anderen beiden beschäftigen und wir machen uns einen schönen Frauentag. Und ich werde auch noch mal mit ihm reden, dass er einige Dinge einfach lassen muss, weil es von ihm vielleicht nett gemeint ist, aber für dich eben komplett unangebracht. Er fragt ja auch immer, wie er was machen soll.«

»Mhm. Ja, können wir machen, aber das ändert den Urlaub nicht.«

»Ist das auch der Grund, warum du so wenig isst, weil dich die ganze Situation nervt und sich das darauf überträgt, dass du mit dir selber so unzufrieden bist?«

»Jetzt kommt das schon wieder! Ich möchte mich einfach nur disziplinieren und habe totale Angst davor, dick zu sein. Das ist der einzige Grund.«

»Aber Hanna, gerade das ist doch so gefährlich. Du wirst magersüchtig. Wahrscheinlich bist du es sogar schon längst. Du kontrollierst dich von morgens bis abends, trinkst Unmengen von Wasser, machst exzessiv Sport und nimmst immer mehr ab. Wenn jemand übergewichtig ist, soll er das machen. Aber du warst ja nicht mal früher übergewichtig, du warst schon immer sehr schmal und zart. Doch jetzt bist du nicht mehr schmal, du bist dünn. Jetzt denkst du vielleicht, dass du alles unter Kontrolle hast, aber irgendwann entwickelt sich da eine Eigendynamik, aus der du selber nicht mehr herauskommst, und das kann tödlich enden.«

»Das ist doch jetzt nicht dein Ernst, oder? Ich bin doch nicht magersüchtig. Kompletter Schwachsinn ist das, nur weil ich diszipliniert bin und mir meine Figur sehr wichtig ist, heißt das nicht, dass ich gleich magersüchtig bin.«

»Das denkst du vielleicht. Aber das denken alle Magersüchtigen am Anfang. Sie denken, sie hätten die totale Kontrolle über ihren Körper und fühlen sich unendlich stolz und gut damit, bis sie irgendwann so dünn sind, dass sie nichts mehr unter Kontrolle haben, weil die Wahrnehmung komplett im Eimer ist. Deine Wahrnehmung ist auch überhaupt nicht mehr normal. Du erzählst mir was von einer

Wampe und dass du Angst vorm Dickwerden hast. Hanna! Du hast keine Wampe und du hattest auch noch nie eine. Du wirst auch nie dick sein. Zum jetzigen Zeitpunkt sowieso nicht, weil du jetzt schon viel zu dünn bist. Und auch, dass du das selber nicht einsiehst, passt in dieses Krankheitsbild, weil Magersüchtige das selber fast nie einsehen. Das ist das Gefährliche an der ganzen Sache. Ich weiß ganz genau, wovon ich spreche, mir kann man da nichts vormachen.«

»Wieso weißt du, wovon du sprichst?«

Dann erzählte mir meine Mutter etwas, wovon ich vorher nie gehört hatte, obwohl ich eigentlich dachte, dass ich alles von ihr wüsste.

Was ich wusste, war, dass ihr älterer Bruder sich mit 22 Jahren das Leben nahm. Er war zu der Zeit schwer schizophren und suizidierte sich, nachdem seine Anfrage, in einer Psychiatrie aufgenommen zu werden, abgelehnt wurde. Dass meine Großeltern gar nicht damit klarkamen, ein Kind verloren zu haben, wusste ich natürlich. Meine Oma litt unter schweren Depressionen und das war wahrscheinlich nicht das Einzige. Mein Opa versuchte es immer zu verdrängen. Wie meine Mutter jedoch damit umging, habe ich nie erfahren.

Jetzt begann meine Mutter zu erzählen: »Als Konstantin damals starb, war er bereits viele Jahre schwer krank. Oma und Opa litten unter ständiger Sorge, weil sie nie wussten, was mit Konstantin war, oder geschehen würde. Bei jeder Verspätung, die er hatte, bei jeder Abwesenheit wurde Oma fast verrückt vor Angst. Ihre Gedanken kreisten nur um Konstantin und das Familienleben war komplett kaputt. Meine Eltern konnten mit nichts und niemandem mehr etwas anfangen und ich stand theoretisch alleine da. Ich hatte mich schon immer zurückgenommen und schließlich entschied ich mich, für einige Zeit nach England zu gehen, damit sich meine Eltern nicht auch noch mit mir belasten müssten.

Es war die schlimmste Zeit in meinem ganzen Leben. Ich hatte fürchterliches Heimweh und fühlte mich schrecklich einsam. Um diese Zeit irgendwie zu ertragen, aß ich immer weniger, und als ich wieder nach Deutschland kam, hatte ich so sehr abgenommen, dass meine Eltern sich extreme Sorgen um mich machten und Angst hatten, ihr zweites Kind auch noch zu verlieren.

»Und was hast du dann gemacht?«

»Ich hab gekämpft. Aus Liebe zu meinen Eltern, denen ich nicht noch ein zweites krankes Kind antun konnte, hab ich gekämpft, um die Essstörung wieder loszuwerden. Es war ein sehr langer und harter Weg und ganz überwunden hab ich die Krankheit erst, als ich nach München zog und dann, vier Jahre später, mit Max schwanger wurde. Da war ich so glücklich, weil es mein allergrößter Wunsch war, ein Kind zu bekommen.«

Anschließend sagten wir erst mal ganz lange Zeit nichts. Dann sagte ich ihr: »Ich bin nicht magersüchtig, Mama. Mach dir keine Sorgen.«

Wir beide fingen noch einmal an, heftig zu weinen, und nahmen uns in den Arm. Mindestens zehn Minuten lang. Dann gingen wir still ins Wohnzimmer zu den anderen zurück und redeten kein Wort mehr. Und trotzdem war es so, als würden wir uns angucken und jeweils wissen, was der andere denkt. An diesem Abend sind meine Mutter und ich uns wieder ein Stück nähergekommen.

Der restliche Urlaub ist zwar nicht mehr ganz zu retten, aber er ist um einiges schöner als der Anfang. Das Verhältnis zu Matthias hat sich nicht sonderlich geändert, weil ich einfach nicht weiß, wie ich mit ihm umgehen soll. Meine Mutter und ich verbringen mehr Zeit miteinander, doch das Essensproblem ist geblieben. Immer wieder gibt es Auseinandersetzungen am Tisch aufgrund meines Essverhaltens, der Portionsgröße oder einfach wegen der schlechten Laune und depressiven Stimmung, die ich manchmal an den Tag lege. Manchmal hab ich das Bedürfnis, einfach loszuweinen, weiß aber nicht warum. Da ich aber am Tag so gut wie nie alleine bin, sondern ständig die Familie um mich herumschwirrt, muss ich mich so zusammenreißen und schlucke meine Tränen oft einfach hinunter, wodurch ich regelrecht verkrampfe und so aggressiv werde, dass ich es einfach nicht schaffe, freundlich zu sein, und jeder meine Laune ertragen muss.

Heute Abend ist noch dazu Bauernfest hier auf dem Ferienhof, zu dem alle Feriengäste und umliegenden Bauernhöfe in die Scheune eingeladen werden, mit Band, Bühne und Buffet. Ich weiß nicht, ob ich mich darauf freuen oder Schiss haben soll. Auf die Feier selbst freue ich mich, weil sie mich bestimmt etwas ablenkt und ich mit den anderen Gästen und Hofbesitzern feiern kann, aber das Buffet macht mir Angst. Es soll selbst gemachten Braten geben, etliche Salate und Unmengen von Kuchen. Ich habe eigentlich jetzt schon Hunger, aber ich möchte mich eher auf den Salat beschränken.

Aber schaff ich es überhaupt, mich zurückzuhalten bei all den leckeren Sachen, die es dann da gibt? Während ich über das abendliche Buffet nachdenke, melden sich meine alten bekannten Stimmen wieder: »Du schaffst das auf jeden Fall. Du musst dich eben dazu zwingen und dich auf jeden Fall zurückhalten, denn wenn du das nicht tust, weißt du, was das für Folgen hat. Du fühlst dich schlecht und zunehmen wirst du wahrscheinlich auch.«

»Du musst dich doch nicht zurückhalten. Du hast dich den ganzen Tag schon zurückgehalten, weil du ganz genau wusstest, dass es heute Abend ein großes Buffet gibt. Selbst wenn du dir eine große Portion an Essen holst, hast du noch lange nicht deinen Tagesbedarf an Nahrung abgedeckt. Also genieße doch einfach den Abend und auch das Essen. Außerdem würdest du auch deiner Mutter damit eine große Freude bereiten.«

Das stimmt wohl, dass meine Mutter sich darüber freuen würde. Aber ich habe immer das Gefühl, von allen angestarrt zu werden, wenn ich esse. Mir ist dann, als denken sie, ich wäre undiszipliniert und hätte meine schlanke Figur nur, weil ich Glück habe. Ich finde, dass andere auch ruhig wissen dürfen, wie hart ich dafür arbeite. Ich versuche einfach, den Abend abzuwarten. Vielleicht habe ich ja heute Abend sogar gar keine Lust, Kuchen oder Braten zu essen. Wir werden sehen.

»Ach Hanna, du siehst ja wieder richtig schick und toll aus! Komm her, ich schneide dir mal ein ordentliches Stück Fleisch ab«, sagt Herr Erdmann, der Besitzer des Ferienhofes.

»Nein, danke, wenn, dann bitte nur ein ganz kleines Stück, ich möchte erst mal probieren«, antworte ich.

»Na ja, okay, aber der wird dir bestimmt schmecken.«

Er schneidet mir ein kleines Stück Braten ab und gibt mir Soße. Anschließend geht es weiter zum Salatbuffet.

»Weil du nur ein kleines Stück Fleisch und keine Beilagen auf dem Teller hast, kannst du doch zumindest jetzt am Salatbuffet ordentlich zugreifen. Hier gibt es doch so viel tolle Auswahl und du magst doch so gerne Nudel- und Reissalat«, meldet sich eine meiner Stimmen wieder, doch auch die andere Stimme lässt nicht lange auf sich warten: »Ordentlich zugreifen? Nichts da. Es reicht doch vollkommen, wenn du dir was von dem grünen Salat nimmst, der schmeckt doch genauso gut und selbst da kommen noch die Kalorien von der Salatsoße dazu. Und Reis- beziehungsweise Nudelsalat sind unnötige Kohlehydrate, die man besonders abends nicht essen sollte.«

Na toll. Was soll ich jetzt machen? Ich nehme mir eine große Portion grünen Salat ohne Soße, denn ich habe ja schon die Soße von dem Braten. Doch vom Reis- und Nudelsalat muss ich wenigstens probieren, die sehen so lecker aus. Also nehme ich von beiden Salaten jeweils einen halben Löffel. Ich hab das Gefühl, dass mein Teller unglaublich voll ist, weiß aber nicht, ob das an dem vielen grünen Salat liegt, der mich sperrig vom Teller aus anguckt, oder ob ich wirklich eine große Portion auf dem Teller habe.

Während ich ununterbrochen über die Salate nachdenke, die ich auf meinem Teller liegen habe, gehe ich zu meiner Familie, die bereits mit Freunden von uns am Tisch sitzt. Als ich mich gerade setzen möchte, meint unser Bekannter, der neben Matthias sitzt: »Ah, Hanna, hast dir ja doch wat zu essen jeholt, so ist dat gut. Deine Mutter hat uns nämlich grade erzählt, dass se sich so Sorgen um dich macht, weil du so wenig isst, aber heute Abend haste ja Appetit.«

Na super. Das war jetzt ehrlich gesagt das Letzte, was ich hören wollte. Sofort fühle ich mich wieder undiszipliniert und total elend, versuche aber, auf keinen Fall aggressiv zu antworten: »Mhm, ja, ist ja vielleicht ganz lecker.« Aber dass die Leute immer denken, ich hätte keinen Appetit ... Ich hab immer Appetit!

Ich esse meinen Teller leer, lasse aber was von dem Fleisch darauf liegen, sodass ich nur ein kleines Stück probiert habe. Trotzdem muss ich mich wieder extrem beherrschen, nicht loszuheulen, weil wieder einer dieser Momente ist, in denen es mir total mies geht. Diesmal weiß ich aber warum. Es wurde gerade erst gegessen, ich fühle mich schlecht, weil ich das Gefühl habe, dass es vielleicht zu viel war. Andererseits glaube ich, dass es nicht zu viel war, weil ich fast nur Salat gegessen habe, und jemand sagt mir ganz deutlich, dass es nicht zu viel war. Mein Magen. Ich habe nämlich noch unglaublichen Hunger.

Um mich abzulenken, setze ich mich zu den beiden Kindern der Hofbesitzer, die eigentlich gar keine Kinder mehr sind. Die Tochter ist 25 und der Sohn 23. Mit beiden versteh ich mich total gut und verbringe die nächsten Stunden mit ihnen, die sehr lustig sind, weil wir viel lachen und etwas von den selbst gebrannten Schnäpsen trinken.

Ich bin eigentlich einigermaßen abgelenkt und habe auch schon lange nicht mehr ans Essen gedacht, bis plötzlich sämtliche Kuchensorten auf das Buffet gestellt werden. Sofort meldet sich mein Magen wieder und mein unglaublicher Appetit, den ich habe. Ich sitze fast zehn Minuten einfach nur da und starre diese vielen Kuchensorten an, die mir eigentlich alle schmecken würden. Fast alle in der Scheune holen sich ein oder mehrere Stücke, aber ich schaff es nicht.

»Später«, sag ich dann immer. Wenn ich mir jetzt ein Stück holen würde, hätte ich das Gefühl, dass die Blicke regelrecht auf mir brennen würden, aber da ich so unglaublichen Appetit habe, gehe ich ständig am Buffet vorbei und schneide mir von einigen ganz kleine Häppchen ab, stecke sie aber sofort in den Mund, damit mich ja keiner sieht. Kurze Zeit später steigt plötzlich eine unglaubliche Panik in mir auf. Ich habe das Gefühl, innerlich erdrückt zu werden, und bekomme Herzrasen. Sofort gehe ich zu unserem Tisch zurück und frage: »Mama, gibst du mir mal bitte eben den Wohnungsschlüssel?«

»Ja klar, was willst du denn machen?«, fragt sie.

»Mann, gib mir doch einfach den Schlüssel, ich möchte nur Frauke mal anrufen«, gebe ich mal wieder aggressiv zurück.

»Ja, Entschuldigung, das war doch nur eine ganz normale Frage.«

Das Ende des Satzes bekomme ich eigentlich kaum noch mit. Ich schnappe mir den Schlüssel, gehe in zügigem Schritt aus der Scheune, renne aber sofort los, als mich keiner mehr sieht. Renne zur Haustür, renne die Treppe hoch, in die Wohnung, auf die Toilette, lehne mich über sie und stecke mir den Finger in den Hals. Immer und immer wieder, bis etwas kommt und ich wieder anfange, zu zittern und zu schwitzen. Es kommt mir wieder vor wie eine Ewigkeit, bis alles raus ist. Ob es wirklich alles ist, weiß ich gar nicht genau, aber zumindest ist es so viel, dass ich mich erleichtert fühle, dass ich es losgeworden bin. Langsam stelle ich mich wieder aufrecht hin und gucke in den Spiegel. Ich sehe grausam aus. Sofort gerate ich wieder in Panik, denn wenn mich jetzt jemand so sieht, mit dicken, aufgequollenen und tränenden Augen, ist sofort alles klar. Also gehe ich erst mal in die Küche und lege mir Eis auf die Augen, damit sie etwas abschwellen. Anschließend schminke ich mich noch mal neu und versuche, so frisch wie möglich auszusehen. Doch anscheinend nicht frisch genug, denn als ich wieder nach unten gehe, fragt mich meine Schwester entsetzt: »Was hast du denn gemacht? Hast du geheult? Deine Augen sehen ganz komisch aus.«

Was soll ich denn jetzt antworten? Ich muss mir ganz schnell was überlegen: »Ähm ne, ich glaube, ich habe irgendeine Allergie. Sieht komisch aus, oder? Aber meine Augen haben vorhin ganz komisch gejuckt und dann habe ich die ganze Zeit gerieben und dann sind sie plötzlich ganz dick geworden. Sieht es denn sehr schlimm aus?«

»Mhm, ne, sieht halt nur so aus, als ob du geweint hättest. Ist was mit dir?«

»Nein, Mann, ich hab doch grade gesagt, dass ich nicht geheult habe, und jetzt lass mich in Ruhe.«

Ich gehe genervt zur Scheune und habe Schiss davor, was meine Mutter sagen würde, da sie vorhin schon so misstrauisch gefragt hat, warum ich in die Wohnung wolle. Am besten, ich nehme ihr gleich den Wind aus den Segeln.

»Du Mama, guck mal, ich habe ganz plötzlich so dicke Augen, die jucken ganz doll. Ich glaube, ich bin gegen irgendetwas allergisch.«

Sie guckt mich extrem misstrauisch an und ich glaube, dass sie mir kein Wort abnimmt von dem, was ich sage.

»Allergisch? Du hast aber nicht geweint, oder? Ist irgendetwas? Du kannst mir das ruhig sagen.«

»Ich raste hier gleich aus, ey. Meine Augen jucken wie Sau und sind ganz dick. Warum sollte ich das einfach so erzählen, wenn es nicht stimmen würde«, schnauze ich sie an.

»Jaja, ist ja gut, ich dachte nur ... Warte am besten ab und versuche, so wenig wie möglich mit den Händen an deine Augen zu gehen. Wenn das nicht hilft, sehe ich mal nach Tropfen.«

»Okay!«

Na also, es geht doch. Ich sollte Schauspielerin werden. Aber eigentlich fühle ich mich ziemlich bekloppt, dass ich so einen Mist erzähle. Eigentlich habe ich eh das Gefühl, dass ich in letzter Zeit extrem viele Lügen auftische. Ich würde mich jetzt nicht als Lügnerin bezeichnen, aber zumindest schwindele ich schon ab und zu, so in der Art:

- »Ich habe keinen Hunger.«
- »Ich habe keine schlechte Laune.«
- »Ich habe grade erst etwas gegessen.«
- »Ich bin pappsatt.«

- »Ich möchte nicht weiter abnehmen.«
- »Mir geht es gut.«

Und so weiter und so fort ...

Aber wenn man genau drüber nachdenkt, sind das ja nur Notlügen, um meine Umgebung, meine Freunde und vor allem meine Mutter und meine Oma zu beruhigen. Ich glaube, das ist erlaubt.

**2. KAPITEL**

# Quälende Gespräche

*August bis September 2008*

Nach zwei Wochen geht es wieder ab nach Hause. Matthias ist bereits kurz vor dem Sommerurlaub wieder zu uns gezogen. Nach und nach wird das Thema Essen in meinem Leben immer größer und wichtiger. Der Sport wird mehr, die Sorgen werden mehr, das Essen wird weniger, Verabredungen werden weniger. In letzter Zeit werde ich ganz oft gefragt, ob es mir gut geht und warum ich so dünn bin und ob ich abgenommen habe. Man könnte jetzt meinen, dass ich das nervig finde, doch es gibt mir eher noch mehr Ansporn. Jedes Mal, wenn mir gesagt wird, dass ich dünn bin, habe ich das Gefühl, dass mein Herz platzt vor Stolz. Die Personen, die mir das sagen, haben zwar eher große Sorge in ihren Augen stehen, doch für mich ist es wie ein großes Kompliment, welches mir gemacht wird. Eigentlich ist es total paradox, denn selbst wenn ich zu hören bekomme, dass ich ZU dünn aussehe, dass das nicht mehr schön sei, dass eine Frau Rundungen haben müsse usw., selbst dann stört es mich nicht. Im Gegenteil. Ich fühle mich richtig gut. Der einzige Nachteil ist, dass man ständig im Mittelpunkt steht und ich ehrlich gesagt nicht weiß, ob ich das jetzt gut oder schlecht finde, da ich mich jetzt nicht unbedingt als Mittelpunktmensch bezeichnen würde.

Ganz oft bekomme ich zu hören, dass ich mich verändert hätte, und ich glaube, dass das dann eher als Kritik gemeint ist. Aber ist das unbedingt schlimm, sich zu verändern? Das gehört doch zum Erwachsenwerden dazu, oder nicht? Ich würde sagen, dass ich einfach reifer geworden bin. Früher musste ich jedes Wochenende feiern gehen und sobald ich einen Abend mal zu Hause herumsaß, hatte ich ständig das schreckliche Gefühl, irgendetwas zu verpassen oder zu Hause zu vergammeln. Jetzt ist es eher so, dass ich gerne zu Hause bin bei der Familie oder einfach keine Lust habe, irgendetwas zu machen. Muss doch auch nicht immer sein. Außerdem möchte ich auch im sportlichen Bereich wieder erfolgreicher werden. Vor meiner Leichtathletik-Pause habe ich an etlichen Wettkämpfen teilgenommen und würde sagen, dass ich da manchmal sogar sehr erfolgreich war. Ich weiß noch, wie super es mir immer anschließend ging, allerdings nur, wenn ich unter den ersten drei Plätzen war. Wenn nicht, war ich immer am Boden zerstört und so was von enttäuscht von mir. Und jetzt habe ich eben wieder angefangen, an Wettkämpfen teilzunehmen. Eigentlich habe ich ganz oft überhaupt keine Lust, weil die Wettkämpfe meistens frühmorgens an den Wochenenden stattfinden, doch da muss ich durch.

Immerhin möchte ich was erreichen im Leben, besser sein als die anderen und mich mit den Guten messen. Und gerade das zeichnet echte Disziplin doch aus. Zu Hause herumsitzen, ausschlafen und feiern gehen kann doch jeder. Man muss sich aufraffen und durchhalten, egal ob man jetzt Lust hat oder nicht, ob man müde ist oder nicht, ob man Zeit hat oder nicht. Deswegen würde es mir auch niemals in den Sinn kommen, in einem Wettkampf auszusteigen oder aufzuhören. Eher würde ich ins Ziel kriechen oder man müsste mich von der Bahn schleppen.

Generell bekomme ich Angst, wenn ich an meine Zukunft denke. Was ist, wenn aus mir nichts wird, dabei möchte ich doch Großes erreichen. Erfolgreich sein. Aber wie? Ich weiß es einfach nicht. Eigentlich weiß ich, was ich will, andererseits wieder gar nicht. Die Zukunft ist so ungewiss und das macht mir Angst. Zurzeit gehe ich dreimal die Woche zum Training und an den Wochenenden sind dann manchmal Wettkämpfe, aber mein Trainer meint, ich sollte öfter zum Training kommen, wenn ich was erreichen möchte. Er sagt, dass ich sehr talentiert sei und das Talent mehr ausbauen müsse, dann könnte ich auch einiges schaffen im Leistungsbereich. Aber noch mehr Leichtathletik in der Woche? Ich hab ja auch noch Tanzen donnerstags. Ich muss ja nicht unbedingt zum Training gehen, ich geh einfach noch zwischendurch joggen, wenn ich Zeit habe, oder abends vor dem Abendessen, dann klappt das schon.

Bis jetzt wurde ich eher nebenbei auf meine äußere und charakterliche Veränderung angesprochen, doch in letzter Zeit muss ich mich ständig mit so ernsten Gesprächen herumschlagen. Genauso wie jetzt. Das Telefon klingelt und ein Freund von mir ist dran und begrüßt mich wie üblich: »Jo, Hänn, was gehten bei dir so? Hast du jetzt gleich Zeit? Ich würde gerne mal vorbeikommen, um mit dir über etwas zu reden.«

»Peace. Um mit mir über etwas zu reden? Das hört sich ja spannend an. Willst du mir denn vielleicht verraten, worum es geht?«

»Nene«, antwortet er, »das wirst du dann schon noch erfahren. Ich fahr dann jetzt nur eben vorher zu Mc's. Soll ich dir was mitbringen? Nuggets oder so?«

»Nein danke.«

»Mhm, okay, war ja klar. Bis gleich dann.«

Eine halbe Stunde später klingelt es an der Haustür und besagter Freund ist da mit einer 20er-Packung Chicken McNuggets und wirft sich auf mein Bett.

In ironischem Ton sage ich: »Ja klar, schmeiß dich ruhig auf mein frisch gemachtes Bett. Mach es dir gemütlich.«

Und er gibt mit einem Lachen zurück: »Och danke, habe ich schon.«

Danach guckt er mich lange an und bietet mir etwas von seinen Nuggets an, doch ich lehne ab.

»Nee, ich möchte nicht. Jetzt lass mal knacken und spann mich nicht auf die Folter. Worüber willst du mit mir reden? Schieß los.«

»Ja. Also mir ist da etwas an dir aufgefallen. Und zwar bist du extrem schmal geworden. Du hast total abgenommen und essen sehe ich dich sowieso nie. Immer wenn wir uns was zu essen bestellen oder irgendwo etwas zu essen herumsteht, lehnst du das ab und isst nichts. Was ist los mit dir? Ich persönlich würde sagen, dass du magersüchtig bist.«

Da muss ich plötzlich ganz laut anfangen zu lachen: »Willst du mich natzen? Ich bin doch nicht magersüchtig, so ein Scheiß. Meine Mutter hat mich auch schon damit vollgelabert.«

»Ich weiß«, antwortet er, »ich hab mich vorhin kurz mit ihr unterhalten und ich denke, wenn ich nicht der Einzige bin, und das bin ich auf keinen Fall, das denken nämlich mehrere, muss doch irgendetwas dran sein, oder nicht?«

Ich weiß gar nicht, was ich erwidern soll, da seine Aussage ziemlich plausibel klingt.

Recht hat er aber trotzdem nicht, also erkläre ich: »Mein Gott, es mag sein, dass ich vielleicht ein bisschen abgenommen habe, aber das liegt nur daran, dass ich seit Längerem wieder viel Sport mache. Ist doch kein Ding und ich finde, Fastfood muss halt nicht sein. Da achte ich eben drauf.«

»Dass du das abstreitest, ist klar, weil Betroffene das selber eh nie einsehen. Außerdem isst du ja nicht nur einfach kein Fastfood. Deine Mutter meinte, dass du generell total wenig isst.«

»Ts. Das ist ja super, dass sie das einfach so irgendjemandem erzählt hinter meinem Rücken. Ich könnte schon wieder ausrasten.«

Nachdem er mich kurz schräg ansieht, erwidert er: »Also erstens bin ich nicht irgendjemand, und zweitens hat das nichts mit ›hinter dem Rücken reden‹ zu tun. Sie macht sich einfach nur Sorgen um dich. Genauso wie deine ganzen Freunde auch.«

»Ja, mag sein, aber man muss es auch nicht übertreiben. Ich bin bestimmt nicht magersüchtig, ich achte auf meine Figur und gesunde Ernährung, mehr nicht.«

»Mehr, als dich darauf anzusprechen, kann ich eh nicht machen. Das kann keiner. Denk wenigstens darüber nach, denn ich bin wirklich nicht der Einzige, der so denkt, und das ist eine gefährliche Sache. Versuch einfach, auch die andere Seite zu verstehen. Ich muss jetzt leider schon los, aber wir sehen uns ja eh heute Abend noch. Ich lass dir ein Chicken McNugget hier, kannst ja überlegen, ob du nicht doch Lust darauf hast, denn wenn du ehrlich bist, gehört Essen zu den geilsten Sachen auf der Welt. Ich würde sogar sagen, es ist fast noch geiler als SEX!«

Da ist er wieder, mein alter Kumpel. Kann mich trotz allem immer zum Lachen bringen und schafft es nicht, ein Gespräch zu führen, ohne irgendwann auf das Thema Sex zu kommen.

»Ich habe mich schon richtig gewundert, dass du das ganze Gespräch über dieses Wort noch nicht benutzt hast. Ich habe schon förmlich darauf gewartet.«

Anschließend bringe ich ihn zur Tür und verabschiede mich von ihm. Ich denke noch lange über das Gespräch nach, weil ich ihn nur ganz selten so ernst sehe. Reden konnte man immer schon sehr gut mit ihm, aber dass er mich mit den gleichen Augen sieht wie meine Mutter wundert mich.

Den Nugget habe ich nicht gegessen, obwohl er mich tierisch lecker angeschaut hat.

Das ist allerdings nicht das einzige anstrengende Gespräch. Eigentlich geht es sogar konstant mit solchen Gesprächen weiter.

Eines der konfrontierendsten Gespräche kommt allerdings noch. An einem Tag kommt Katharina auf mich zu und fragt mich, ob ich auch ins Extrablatt-Café kommen würde um vier Uhr, mit allen anderen Mädels zusammen. Einfach mal wieder alle zusammensitzen und quatschen.

»Ja klar«, meine ich, »das haben wir ja schon lange nicht mehr gemacht, dann bis um vier.«

Als ich um vier Uhr ins Extrablatt komme, sitzen bereits alle am Tisch. Ich wundere mich ein bisschen, dass ich die Letzte bin, weil es eigentlich gerade erst vier Uhr ist, aber ich denke mir nichts weiter dabei. Ich setze mich zu den anderen, als eine Kellnerin kommt und die Bestellung aufnimmt.

Katharina: »Eine Spezi bitte.«

Janine: »Zwei.«

Anka: »Eine große Kirschschorle nehme ich.«

Frauke: »'Ne Fanta bitte.«

Natalie: »Ich hätte gerne einen Latte macchiato.«

Janina: »Ja, ich auch.«

Ich selber bestelle mir eine Cola light und habe das komische Gefühl, dass ich dabei von allen angestarrt werde. Dann ergreift Katharina das Wort, nachdem sie mich durchdringend angeguckt hat.

»Also Hanna. Das Treffen hat schon einen bestimmten Grund. Und es war auch schon länger geplant unter uns Mädels und es ist auch Absicht, dass wirklich alle von uns mit dabei sind. Wir machen uns nämlich alle ziemlich viele Gedanken um dich in letzter Zeit. Ich hab dich ja vor einigen Wochen schon mal auf das Thema angesprochen, dass du so krass abgenommen hast, und da hast du es schon abgestritten. Aber seitdem ist es noch schlimmer geworden. Und das sag nicht nur ich, das sagen alle!«

Während ich ihr mit einem unglaublich unangenehmen Gefühl zuhöre, blicke ich total verunsichert in die Runde und sehe, dass mich alle förmlich fixiert haben mit ihren Blicken und heftig mit ihren Köpfen nicken. Am liebsten würde ich mich in Luft auflösen. Als dann auch noch die Getränke kommen und die Kellnerin fragt: »Cola light?«, und ich mich melde, ist es, als würde diese bestellte Cola light Bände sprechen. Als würde sie sagen: »Hanna, du bist die Einzige, die mich bestellt hat. Die anderen haben alle ein Getränk bestellt, das Kalorien hat, nur du nicht.« Und mittlerweile bin ich mir sicher, dass diesen Gedanken gerade alle meine Freundinnen haben. Als die Kellnerin wieder weg ist, fügt Frauke hinzu: »Katharina hat recht. Du bist übelst dünn geworden und machst immer mehr Sport. Alle machen sich Sorgen.«

Noch zeige ich mich selbstsicher und gebe meine Standard-Antwort: »Das liegt einfach nur daran, dass ich, wie du schon sagtest, viel Sport mache und auch eben auf meine Ernährung achte. Vielleicht habe ich auch ein bisschen abgenommen, ich weiß es nicht, aber wenn, dann auch nur so wenig, dass man da nicht so einen Aufstand drum machen muss.«

»Darf man denn fragen, warum du plötzlich so auf deine Ernährung achtest? Das wird ja einen Grund haben«, stellt Janine fest.

»Ich achte nicht plötzlich auf meine Ernährung. Ich habe mich schon immer sehr gesund ernährt und darauf geachtet, was ich esse. Und Süßigkeiten oder so etwas hab ich noch nie so wirklich gegessen, weil ...«

»Das ist doch gar nicht wahr«, fällt Frauke mir ins Wort, »ich kann mich noch genau an unsere Fress-Orgien erinnern, die wir früher immer zusammen gemacht haben, beim DVD-Gucken oder so, und da hast du auch immer mitgegessen. Klar, natürlich auch Salat und normale Sachen, aber Süßigkeiten hast du trotzdem auch gegessen, und das weißt du auch ganz genau.«

»Ja schon, aber nie so viel«, versuche ich, mich zu rechtfertigen.

»Na ja«, sagt Katharina, »dass sei mal so dahingestellt. Aber es ist ja nicht nur, dass deine Figur sich verändert hat. Dein ganzes Verhalten ist anders und deine Launen. Du bist halt einfach ganz anders geworden.«

»Ja ne, ist klar. Das kann man immer gut sagen, dass sich andere verändern. Und ich hab mich überhaupt nicht verändert. Und das mit der schlechten Laune finde ich auch mies, das jetzt zu sagen. Denn in letzter Zeit sind wir alle schlecht drauf. Nicht nur ich. Ihr sagt selber immer, dass ihr keinen Bock mehr habt auf Schule im Moment. Aber ich bin diejenige, die sich verändert haben soll.«

Sofort meldet sich Frauke wieder zu Wort: »Es ist klar, dass wir uns schon auch alle etwas verändert haben, aber bei dir ist es heftig. Ich kann gar kein normales Wort mehr mit dir reden. Vorgestern zum Beispiel bist du einfach losgefahren nach der Schule, ohne auf mich zu warten …«

»Ja, weil ich dachte, du hättest noch Unterricht«, unterbreche ich sie und sie fügt hinzu: »Ist ja auch nicht schlimm, aber dann sage ich zu dir ironisch ›Dankeschön fürs Warten‹ und du kackst sofort herum ›Chill mal!‹.«

»Du hast ja auch gleich so zickig reagiert. Du kannst mir nicht erzählen, dass das ironisch gemeint war, du warst nämlich total angepisst und bist sofort weitergedüst. Und dass ich nicht gewartet hab, war ja nicht mit Absicht, sondern einfach nur weil ich halt dachte, du hättest noch eine Stunde länger Unterricht als ich.«

»Na ja, grundsätzlich lässt sich sagen, dass du extrem gereizt bist, einen ständig anmeckerst oder genervte Antworten gibst. Hinzu kommt, dass du total abgemagert bist und nur noch Sport machst und essen sehe ich dich sowieso nie. Das sind alles die Merkmale von Magersucht«, erklärt Katharina und wieder nicken alle heftig und gucken mich vorwurfsvoll oder vielleicht auch sorgenvoll an.

Ich weiß nicht wirklich, wie ich die Blicke der anderen deuten soll. Ich weiß nur, dass ich am liebsten gehen würde. Die Atmosphäre ist so gespannt und die Luft ist so dick, dass es schwer zu ertragen ist. Doch da ich jetzt nicht einfach gehen kann, muss ich weiterhin meine Position vertreten. Immerhin lass ich mich nicht einfach so fertigmachen. Was fällt denen denn eigentlich ein. Haben sich jetzt alle gegen mich verschworen, um diesen Mist von der Magersucht zu verbreiten? Oder was soll das jetzt. Eine meiner Stimmen weiß die Antwort: »Die sind doch alle nur neidisch auf deine Figur. Dass du abgenommen hast und es einigermaßen schaffst, dich zu disziplinieren. Du bist zwar immer noch zu dick und musst noch weiter abnehmen, aber das wollen die anderen natürlich nicht, weil du dann schlanker bist als sie.« Ich glaube, dass ist es wirklich. Aber das kann ich ja schlecht sagen.

Da meldet sich Anka zu Wort: »Hanna, jetzt mal ehrlich. Du hattest früher immer ein Schulbrot mit in der Schule. Meistens mit irgendeiner Wurst drauf. Salami oder so. Das weiß ich noch so genau, weil jedes Mal die ganze Klasse nach Wurst roch, wenn du das ausgepackt hast. Und jetzt kann ich mich schon gar nicht mehr daran erinnern, wann du das letzte Mal was zu essen mithattest, geschweige denn, dass du sonst irgendetwas gegessen hast in den Pausen.«

Ich merke, wie ich immer unsicherer werde. Alle starren mich an. Durchbohren mich mit ihren Blicken. Stellen mir Fragen. Was soll ich denn jetzt machen? Ich kann kaum noch sprechen, weil ich so einen Kloß im Hals habe. Am liebsten würde ich ausrasten und schreien und allen sagen, dass sie mich am Arsch lecken können. Doch ich bin so wütend, dass ich anfangen muss zu weinen, und meckere unter Tränen los: »Könnt ihr mich mal alle in Ruhe lassen?

Was soll das denn jetzt hier. Ihr seid voll am Übertreiben. Als ob ich magersüchtig bin. Das geht ja mal gar nicht klar.«

»Wenn das so großer Schwachsinn ist, warum weinst du dann jetzt? Dann muss doch irgendetwas dran sein an der Sache«, meint Janine.

»Warum ich heule? Willst du mich verarschen? Ich sitze hier am Tisch mit sechs Mädchen, werde von zwölf Augen einfach nur angestarrt und damit konfrontiert, dass ich mich ja SO SEHR verändert habe. Da wunderst du dich, dass ich anfange zu heulen? Dann möchte ich mal einen von euch an meiner Stelle sehen.« Ich kann mich kaum noch halten vor Unsicherheit und habe das Gefühl, dass mich mittlerweile das ganze Café anguckt. Die Tränen fließen so oder so einfach nur runter, obwohl ich sie am liebsten einfach abstellen würde.

Nachdem Katharina meint, dass sie sich alle einfach nur Sorgen um mich machen, ist es erst einmal ganz lange Zeit still am Tisch. Wir bezahlen unsere Getränke und stehen langsam alle auf. Fast alle umarmen mich zum Abschied, nur Frauke schaut mich ganz lange traurig an und geht raus.

Am liebsten hätte ich diesen Tag aus meinem Gedächtnis gestrichen.

Seit dem Tag kann ich meinen Freundinnen kaum noch in die Augen gucken, weil ich immer weiß, was sie über mich denken. Damit niemals ein peinliches Schweigen entsteht oder womöglich das Gesprächsthema wieder auf mich fallen könnte, verstelle ich mich total. Ich habe sowieso seit Längerem gelernt, mich zu verstellen bei anderen, damit ja nichts auffällt, sodass ich mittlerweile nicht mehr ich selbst bin. Ich trage den ganzen Tag eine Art Maske über meiner eigenen Persönlichkeit, die ich erst ablege, wenn ich alleine bin. Manchmal, wenn meine Stimmung und ich jedoch zu labil sind, bröckelt sie ab und zu etwas ab. Aber das passiert entweder zu Hause bei meiner Mutter oder bei meiner Therapeutin. Genau. Meine Therapeutin, zu der ich seit einigen Wochen gehen muss auf

Wunsch meiner Mutter. Sie ist sich nämlich schon lange sicher, dass ich magersüchtig bin. Die Gespräche zu Hause eskalieren nur noch und wenn mal kein Streit herrscht oder meine Art und ich einmal nicht Thema sind, würde ich das als Wunder bezeichnen.

Die Kontrolle meiner Mutter geht morgens beim Frühstück los und hört abends beim Gute-Nacht-Sagen auf. Mehr noch, die Kontrolle ist mittlerweile konstant, weil sie sogar nachts aufsteht, um nachzusehen, ob ich schlafe beziehungsweise überhaupt noch atme. Ja richtig. Sie hat Angst, dass ich aufgrund meines Untergewichts und der zusätzlich zu wenig zugeführten Flüssigkeit dehydrieren könnte, das heißt, dass plötzlich meine Organe überlastet sind und aufhören zu arbeiten. Woher ich das weiß, dass sie nachts nach mir schaut? Ich merke es eigentlich fast immer, weil ich nachts kaum schlafe oder immer nur etappenweise, was nicht daran liegt, dass ich nicht müde bin. Nein. Eigentlich bin ich sogar todmüde, aber mein Schlaf ist ist seit Längerem sehr oberflächlich und wenn ich dann aufwache, kann ich stundenlang nicht mehr einschlafen, weil ich tierischen Hunger habe. Jeder normale Mensch würde dann aufstehen und sich etwas zu essen holen. Ich nicht. Ich liege im Bett und überlege hin und her, frage mich, ob ich vielleicht doch aufstehen und etwas essen soll. Aber ich mache es nicht. Ich mache es nicht und ich kann es auch nicht. Es ist wie eine Sperre. Irgendetwas hält mich immer zurück. Ob es meine Disziplin ist? Eine meiner Stimmen? Die Angst vor einem folgenden schlechten Gewissen? Ich weiß es nicht genau. Jedenfalls bin ich meistens wach, wenn meine Mutter ins Zimmer kommt und an mir horcht oder einfach nur guckt. Meistens stelle ich mich dann schlafend und versuche, so laut wie möglich zu atmen. Als ich sie dann doch einmal frage, warum sie manchmal in mein Zimmer kommt, erzählt sie mir das vom Dehydrieren. Ich bin aber nicht immer nur wach, weil ich Hunger habe.

Manchmal kann ich auch einfach erst gar nicht einschlafen, weil ich irgendwie panische Angst habe vor dem nächsten Tag. Nicht vor dem Tag an sich, sondern vor den Mahlzeiten, die ich zusammen mit anderen einnehmen muss. Da wäre an erster Stelle einmal das Frühstück. Meine Mutter zwingt mich, zum Frühstück zu kommen. Und ich muss so lange am Tisch sitzen, bis ich mein Brot gegessen habe. Dann liege ich nachts wach und überlege stundenlang, wie ich es schaffe, nichts zu essen, ohne dass meine Mutter etwas merkt. Und obwohl ich das eigentlich gar nicht planen kann im Voraus, denke ich Nacht um Nacht wieder darüber nach. Der Morgen sieht eigentlich immer gleich aus: Ich stelle mir meinen Wecker sehr früh, auch wenn ich von der Zeit her eigentlich noch eine halbe Stunde länger schlafen könnte. Dann gehe ich auf die Toilette und stelle mich nackt auf meine Waage. Heute zeigt sie mir 39,8 kg an. Wieder ein bisschen abgenommen.

Während ich das mache, habe ich totale Panik, dass meine Mutter reinkommen und das sehen könnte, denn seit einigen Monaten zwingt sie mich dazu, mich von ihr wiegen zu lassen, also ziehe ich mich ganz schnell an, lege meinen Schmuck an und stecke mir noch irgendwas in meine Taschen, sodass, wenn sie mich wiegt, die Waage dann um einiges mehr anzeigt, so wie heute 42 kg. Dann rastet sie das erste Mal aus an dem Morgen: »Du hast ja schon wieder abgenommen. Willst du mich eigentlich verarschen? Lange mache ich das nicht mit. Und wenn du noch weiter abnimmst, schicke ich dich in die Klinik. Du bist magersüchtig, Hanna. Das kannst du nicht mehr leugnen. Wie oft habe ich dir schon gesagt, dass du wenigstens versuchen sollst, erst einmal dein Gewicht NUR zu halten. Aber du schaffst es nicht. Von Tag zu Tag nimmst du weiter ab. Und die Therapie hilft dir anscheinend auch nicht. WEIL DU NÄMLICH SÜCHTIG BIST! Du denkst, dass du die Kontrolle über dich hast. Aber in Wirklichkeit hast du die Kontrolle über dich längst verloren. Weil du nämlich schon gar nicht mehr richtig denken kannst. Dein Spiegelbild ist verzerrt in deinen Augen und selbst wenn du zunehmen möchtest, schaffst du das nicht.«

»Jetzt raste doch nicht sofort wieder aus. Das mit der Therapie geht auch nicht so von heute auf morgen. Und wenn ich mal 100 g weniger wiege, ist das vollkommen normal. Gestern hatte ich nämlich einen anderen Gürtel um, als du mich gewogen hast, und der war schwerer. Ich schaff das schon, es dauert halt nur ein bisschen«, versuche ich, sie zu beruhigen.

»Gürtel hin oder her, wenn sich das nicht ändert, kommst du in die Klinik, ich will doch nicht sehen, wie mein eigenes Kind neben mir verhungert«, argumentiert sie.

»Ich verhungere doch auch nicht, Mann. Und jetzt ist doch auch gut, ich möchte mich jetzt fertig machen.«

Dann geht sie Richtung Tür und guckt mich ganz ernst mit starrem Blick an und meint: »Du kommst gleich zum Frühstück und sitzt da so lange, bis du was gegessen hast.«

Anschließend lasse ich mir beim Fertigmachen ganz lange Zeit und gehe nicht zum Frühstück, sondern warte so lange in meinem Zimmer, bis ich von meiner Mutter gerufen werde. Dann rufe ich: »Ich komme ja gleich«, und lasse mir weitere Minuten Zeit, bis ich langsam in die Küche gehe. Mittlerweile ist es 20 nach sieben und ich weiß ganz genau, dass Mama immer gegen halb acht vom Tisch aufstehen muss, um sich fertig zu machen. Also muss ich mir irgendetwas ausdenken, um diese zehn Minuten so zu überbrücken, dass ich so wenig wie möglich essen muss. Ich suche mir die kleinste und dünnste Scheibe Brot aus und stecke sie in den Toaster. Vorher mache ich mir noch mal das Wasser heiß, um mir einen Kaffee zu kochen, damit weitere Minuten vergehen. Das Brot beschmiere ich so langsam wie möglich. Als ich gerade Magerquark darauf schmieren möchte, meint meine Mutter: »Du machst gefälligst Margarine aufs Brot!«

Schon steigt die Panik in mir auf. Ich muss mich beherrschen, denke ich bei mir, doch ich schaffe es nicht.

»Kannst du mal aufhören, mich ständig zu reglementieren? Ich kann ja wohl selber entscheiden, wie ich mein Brot schmiere, das hat mir keiner vorzuschreiben.«

»Du machst jetzt, was ich dir sage, sonst ist hier langsam mal Schluss! Ich kann keine Nacht mehr ordentlich schlafen, weil ich

Angst um dich habe, und wenn du nicht langsam einsiehst, dass du krank bist und etwas ändern musst, dann stirbst du. Und ich lasse nicht zu, dass eines meiner Kinder stirbt oder krank ist. Denn wenn das der Fall ist, dann kann auch ich nicht mehr leben.«

Ich schaue auf meinen Teller und kratze mir ganz dünn Margarine auf mein mittlerweile bockelhartes Brot. Es tut mir weh, meine Mutter so zu sehen. Am liebsten würde ich sie einfach in den Arm nehmen und ihr sagen, dass alles gut wird. Doch das kann ich nicht, weil ich einerseits weiß, dass es wahrscheinlich gar nicht gut wird, andererseits weiß ich nicht mal, ob ich das überhaupt möchte. Ich möchte zwar, dass die Stimmung zu Hause wieder besser wird, ich nicht immer im Mittelpunkt stehe und ich nicht immer so panische Angst vor dem Essen habe, aber zunehmen möchte ich nicht. Ich beiße ganz langsam eine winzige Ecke von meinem Brot ab, als meine Mutter in Richtung Badezimmer geht. Blitzschnell stehe ich auf und lasse ein Stück von meinem kleinen, dünnen Brot tief im Mülleimer verschwinden. Sprinte zurück zu meinem Platz und setze mich gerade außer Atem wieder hin, als meine Mutter plötzlich wieder auftaucht. Ich bekomme einen totalen Schock, weil ich damit nicht gerechnet habe. Als ich in ihren Händen einen kleinen Spiegel und ihre Schminksachen entdecke, kann ich meinen Augen kaum trauen. Sie setzt sich an den Tisch, stellt ihren Spiegel auf und meint: »Ich bleibe jetzt so lange hier sitzen, bis du dein Brot aufgegessen hast, und wenn ich zu spät zur Arbeit komme, das ist mir scheißegal.«

Ich würde am liebsten anfangen zu heulen, weil ich wieder merke, wie die Panik in mir hochsteigt und mein Herz anfängt zu rasen. Was soll ich denn jetzt machen? Ich hab noch ein halbes Brot vor mir liegen und ich hasse das Frühstück. Wenn ich morgens etwas frühstücke, fällt mir das Essen den Tag über noch schwerer als überhaupt schon. Eben weil ich weiß, dass ich morgens bereits gefrühstückt habe. Also muss ich mir was überlegen.

Ich esse ganz langsam einen ganz kleinen Bissen, um Zeit zu schinden. Irgendwann muss sie ja mal kurz aufstehen. Als sie sich gerade zum Kühlschrank umdreht, um schon mal etwas vom Tisch zu räumen, nehme ich ein Stück Brot und werfe es vorsichtig hinter mich ins Katzenklo und kurz bevor meine Hand wieder ruhig am Teller liegt, dreht sie sich um. Sie hat nichts bemerkt. Ich bemerke allerdings das Adrenalin, welches bei solchen Aktionen immer in mir aufkommt. Meine Hände zittern, ich schwitze, mein Herz pocht wie verrückt. Jetzt habe ich nur noch die Brotkante auf meinem Teller liegen. Langsam stecke ich sie mir in den Mund und manövriere sie unter meine Zunge, warte noch ein bisschen und stehe dann auf.

»Fertig?«, fragt meine Mutter.

»Mhm«, maule ich genervt, räume meinen Teller weg und gehe aus der Küche, weiter ins Bad und lasse die Brotkante aus meinem Mund in der Toilette und anschließend in der Kanalisation verschwinden. Geschafft. Wie viel Zeit, Energie und Nerven dieses Manöver gekostet hat ist kaum zu beschreiben. Einerseits bin ich so froh, dass alles geklappt hat. Insgesamt hab ich jetzt einen Bissen Brot gehabt, was mich erleichtert. Andererseits könnte ich heulen, weil mir meine Mutter so unglaublich leidtut. Meine Mutter, meine Oma, die auch keine ruhige Minute mehr verbringt, weil sie das auch alles schon einmal mit ihrer Tochter, meiner Mutter, erlebt hat. Doch auch meine Geschwister tun mir leid, die jeden Tag aufs Neue die Auseinandersetzungen und die eisige Stimmung ertragen müssen.

Und auch Matthias tut mir leid, selbst wenn ich das selber kaum glauben kann. Aber immerhin ist er erst seit Kurzem wieder mit Mama zusammen. Er muss lernen, wie man mit vier Kindern umgeht. Ich mache immer Ärger beim Essen, mein großer Bruder Max hat wenig mit ihm zu tun, da er nicht mehr bei uns wohnt, meine Schwester ist schwer enttäuscht von ihm, weil er damals gegangen ist, und mein kleiner Bruder hat Ärger in der Schule. Na ja, und die Frau, die er liebt, schläft nachts nicht, weint mindestens ein Mal am Tag, rastet mindestens ein Mal am Tag aus und ist krank vor Sorge. Da ist allerdings eine Sache: Wenn ich daran denke, dass er und Mama in einigen Wochen heiraten wollen, tut er mir gar nicht mehr leid.

# 3. KAPITEL

# »Einsicht ist der erste Schritt zur Besserung«

*September bis Oktober 2008*

Es ist der 27. September 2008. Es ist Mamas Geburtstag. Es ist Mamas und Matthias' Hochzeitstag. Nicht der erste. Auch nicht der zweite. Es ist der Tag der Hochzeit selbst. Seit Wochen denke ich über diesen Tag nach. Einerseits, weil ich es absolut komisch und unglaublich finde, meine Mutter heiraten zu sehen. Sie verliebt zu sehen mit Matthias war schon ungewohnt, aber die eigene Mutter heiraten zu sehen, erlebt man auch nicht alle Tage. Den Tag selber sehe ich jetzt relativ neutral. Ich hätte es mir schlimmer vorgestellt. Der Schock war eher da, als ich die Nachricht erfahren habe, dass sie heiraten wollen, weil es ziemlich plötzlich kam und uns Kindern eher »nebenher« berichtet wurde. Mittlerweile habe mich mit dem Gedanken abgefunden, sodass ich mich auch ein bisschen auf heute freue. Außerdem mag ich Anlässe, zu denen man sich schön anziehen und schick machen muss.

Das Problem bei der Sache ist nur, dass ich nichts mehr anzuziehen habe, was mir passt. Die Sachen, die ich anziehen könnte, weil sie noch aus meiner Kindheit sind und mir deswegen passen, darf ich aus Prinzip nicht anziehen, eben weil es meine Kindersachen sind, und meine Mutter meint, ich sähe darin so unterernährt aus, dass wahrscheinlich alle Hochzeitsgäste geschockt wären, wenn sie mich sehen und meine Mutter als grob fahrlässig bezeichnen würden. Nach Tausenden von Anproben bin ich dann bei einem ganz schlichten, schwarzen Kleid geblieben, das eher an mir hängt, als dass es sitzt. Aber es ist das Einzige, was übrig geblieben ist und ein bisschen kaschiert. Meine Mutter ist trotzdem ganz unsicher und würde das Kleid am liebsten mit Watte aufbauschen, damit ich nicht so dünn aussehe. Der genaue Wortlaut ist: »Du siehst schrecklich aus, Hanna!«

Und schon wieder weiß ich nicht, wie ich diese Aussage finden soll.

Einerseits macht mich dieser Satz unglaublich glücklich, weil er mich in meiner Sache und meinem Handeln bestätigt. Dieser Satz sagt für mich aus: Du hast etwas erreicht. Du bist dünn. Du bist anders als andere. Du hast die Aufmerksamkeit. Du wirst von allen angeschaut. Du wirst schockieren. Der Satz ist wie eine gute Note, die ich für eine vollbrachte Leistung bekomme.

Andererseits macht mich der Satz sehr traurig. Denn »du siehst schrecklich aus, Hanna« ist extrem direkt und passt nicht zu meinem früheren Leben. Bei allen Anlässen, Festen oder Treffen, die es gab, hieß es immer: »Hanna, dein Kleid steht dir unglaublich gut.«

»Hanna, mein Gott, hast du eine schöne Figur.«

So oder so ähnlich sahen die Komplimente immer aus. Aber nicht nur vonseiten meiner Mutter oder meiner Oma, sondern auch von Leuten, die man lange nicht gesehen hat oder einfach nur so kennt.

Heute auf der Hochzeit ist es das komplette Gegenteil: »Hanna, was ist denn los mit dir, du siehst schlimm aus.«

»Hanna, du musst was ändern, das ist doch nicht gesund.«

»Hanna, warum machst du das, du hattest doch so eine schöne Figur.«

»Hanna, das hast du doch gar nicht nötig, das macht alles kaputt.«

Und wieder ist es so, dass mich diese Sätze einerseits bestärken, mir aber auch andererseits ziemlich bewusst machen, dass mit mir wirklich etwas nicht stimmt.

Auch wenn ich mich vielleicht ein bisschen auf den Tag freue, macht er mir zugleich total Angst. Ich habe bereits Wochen vorher in Erfahrung gebracht, was es zu essen gibt und wie ich es schaffe, beim Essen so wenig wie möglich Aufmerksamkeit auf mich zu ziehen und dabei so wenig wie möglich zu essen. Doch das klappt nicht ganz, es gibt erst Kaffee und Kuchen und abends mehrere Gänge. Ich lasse fast immer etwas auf dem Teller liegen, doch am Ende des Abends bin ich trotzdem satt gegessen, was für mich so ungewohnt ist und so unangenehm, dass ich mich ganz mies fühle. Doch jetzt auf die Toilette zu gehen und mich zu übergeben wäre das Dümmste, was ich machen könnte, weil es sofort bemerkt werden würde.

Wir Kinder sollen heute Abend bei meiner Oma schlafen, damit Mama und Matthias ihre Ruhe haben. Als wir bei Oma ankommen, mache ich mich ganz schnell fertig fürs Bett und warte, bis alle schlafen. Dann gehe ich ins Bad und finde die perfekte Lösung überhaupt. Abführtropfen. Man sollte so um die 20 Tropfen nehmen. Ich nehme 30. Auch wenn ich eigentlich sogar noch weniger nehmen müsste als 20 Tropfen, weil ich einerseits noch »Kind« bin und andererseits unterernährt. Doch ich möchte auf Nummer sicher gehen, dass es auch wirklich klappt. Und es klappt. Die restliche Nacht verbringe ich fast ausschließlich auf der Toilette und habe das Gefühl, dass einfach alles rauskommt an Essen und Flüssigkeit, was überhaupt in meinem Körper sein kann. Als ich mich dann nach dieser ganzen nächtlichen Prozedur ins Bett lege, einschlafe und am nächsten Morgen aufwache, fühle ich mich wie eine Feder. Ich fühle mich einfach nur komplett leer. Wie eine Hülle. Jeder andere Mensch würde meinen, dass es schrecklich ist, sich leer zu fühlen. Doch ich finde es wunderbar.

Nach der Hochzeit ist eigentlich alles wie vorher. Mit dem Unterschied, dass Mama und Matthias eben verheiratet sind. Nur eines ist anders: Ich darf nicht mehr zum Training gehen. Meine Mutter verbietet es mir, weil es »viel zu gefährlich und verantwortungslos« ist.

Gut. Zum Training darf ich nicht mehr. Aber meine Sit-ups kann ich weiterhin machen in meinem Zimmer, denn das merkt ja keiner. Ich kann nicht damit aufhören. Die Sorgen meiner Familie und meiner Freunde lassen sich eigentlich nicht mehr als Sorgen bezeichnen. Sie haben eine Todesangst um mich. Es ist furchtbar, ständig hören zu müssen: »Warum machst du das mit dir?«

»Warum tust du uns das an?«

»Denk doch mal an uns. Wir können kein normales Leben mehr führen.«

»Die ganze Familie bricht kaputt, du musst das doch merken.«

»Warum schmeißt du dein Leben einfach so weg?«

»Hanna, du brauchst Hilfe.«

Jedes Mal, wenn ich so was höre, gebe ich genervte Antworten und wechsle das Thema oder ziehe mich zurück. Doch in Wirklichkeit tut es mir unglaublich leid, meine Umgebung so leiden zu sehen, während ich denke, dass es mir gut geht. Aber wie gesagt, ich denke nur, dass es mir gut geht. Mittlerweile ist mir auch klar, dass etwas nicht in Ordnung mit mir ist. Ich denke oft an früher, wie ich war, was meine Hobbys waren und wie meine Wochenenden aussahen. Und ja! Es ist anders. Ich bin anders. Jetzt könnte man meinen: He, Einsicht ist der erste Schritt zur Besserung. Wenn ich weiß, was das Problem ist, kann ich es ja angehen und es ändern. Doch so ist es nicht.

Ich kann nicht aufhören. ES kann nicht aufhören. Meine Stimme kann nicht aufhören. Mittlerweile existiert auch nur noch eine Stimme. Die andere Stimme, die mich manchmal noch vernünftig handeln ließ, ist verstummt. Jetzt ist nur noch eine Stimme da, die mich nicht mehr aufhören lässt. Mich nicht mehr ruhig schlafen lässt. Mir ständig ein schlechtes Gewissen macht. Mich ständig dazu bringt, Sport zu treiben. Mich dazu bringt, zu Hause bei Mama zu bleiben. Mir sagt, dass ich nicht zu dünn bin. Mir immer wieder sagt: »Je weniger, desto besser!« Und ich kann sie einfach nicht abstellen.

Der Satz »Ich kann nicht mehr aufhören« stimmt allerdings auch nur teilweise. Besser gesagt wäre »Ich kann nicht mehr anfangen«. Ich kann nicht mehr anfangen zu essen. Nach jedem Streit, nach jeder Auseinandersetzung, aber auch nach jedem tiefgründigen Gespräch, nach allen Tränen, die vergossen werden, nach allen Versprechen, endlich etwas zu ändern, nach jedem endlos langen Hungergefühl nehme ich mir vor, einfach anzufangen zu essen. Doch es klappt nicht. Ich kann nicht mehr damit anfangen. Und wenn ich dann mal essen MUSS, weil ich wieder dazu gedrängt werde oder es von mir verlangt wird, denke ich, dass das bestimmt für den restlichen Tag reicht an Nahrungszufuhr, selbst wenn es nur ein halber Apfel war. Alle reden immer von »Hilfe annehmen«, »sich helfen lassen«, »gesund werden«.

Sogar meine Lehrer sprechen mich schon darauf an: »Du musst nicht an die Schule denken, das wird schon. Werde erst mal gesund, das ist viel wichtiger als Schule. Außerdem verpasst man in der Elften nicht so viel, das ist hauptsächlich nur Wiederholung. Was bringt es dir, wenn du jetzt weiterhin zur Schule gehst. Wenn es so weitergeht, hast du zwar die Elfte gemacht. Aber das Abi kannst du dir dann so oder so abschminken. Weil du entweder tot bist oder deine Krankheit ist so fortgeschritten, dass du gar nicht mehr klar denken kannst.«

Klar denken? Zurzeit ist die Schule der einzige Ort, an dem ich es schaffe, klar zu denken. Mich einfach auf den Unterricht einzulassen. Mich zu melden und etwas zum Unterricht beizutragen und gute Klausuren zu schreiben lässt mich glücklich werden. Denn dann ist es so ähnlich, als wenn ich auf die Waage steige und dort wieder weniger angezeigt wird. Also ist die Schule der einzige Ort, wo ich mich ab und zu gut und wertvoll fühlen kann, ohne dass ich auf der Waage stehe. Ohne dass ich ans Essen denken muss. Ohne dass ich Sport mache. Ohne mich im Spiegel anzugucken, um meine Knochen zu bewundern und trotzdem zu denken, dass es nicht reicht. Um es auf den Punkt zu bringen: Schule ist meine Ersatzdroge.

Ohne sie wäre ich wahrscheinlich schon komplett in einer von der restlichen Welt abgeschnittenen eigenen Welt.

Das Wort »Ersatzdroge« passt perfekt. Es sagt nämlich, dass es eine andere Droge im Vergleich zu der ist, die ich zurzeit habe. Ich muss bewusst »haben« schreiben. Denn ich nehme ja keine Drogen. Trotzdem bin ich süchtig. Dies einzusehen macht mich sehr nachdenklich. Denn es ist unglaublich paradox. Ich bin süchtig nach etwas, das man nicht fassen und in irgendeinem Sinne auch eigentlich nicht sehen kann. Man kann vielleicht die Magerkeit sehen. Die Droge wäre in meinem Fall also die Magerkeit. Doch auch sie ist nicht sichtbar. Für die ganze restliche Welt vielleicht, aber nicht für mich. Ich sehe sie nicht. Ich sehe, dass ich schmal bin, vielleicht auch, dass ich dünn bin. Doch ich sehe keine Magerkeit.

Wie soll ich also beschreiben, wonach ich süchtig bin? Wie meine Droge aussieht? Wie man sie sich zuführt? Geschweige denn, wie man sie entziehen, sich davon befreien kann? Wie soll man von etwas loskommen, auf etwas verzichten, das man nicht sieht? Das man nicht einfach wegsperren kann, wie beispielsweise Alkohol? Es ist nämlich keine Droge, bei der man lernen muss, auf sie zu verzichten. Denn bei der Magersucht verzichtet man nur noch. Man verzichtet auf alles, was mit Essen und sogar mit Trinken zu tun hat. Wie also soll man davon wieder wegkommen? Wegkommen vom Verzichten? Ich weiß es nicht. Und auch wenn ich es jetzt einigermaßen eingesehen habe, dass ich krank bin, ist es nicht einfacher geworden. Denn gerade das macht einem Angst. Man weiß, dass etwas nicht stimmt mit einem, dass man eigentlich etwas ändern sollte, in manchen Momenten sogar möchte, und man kann es trotzdem nicht ändern. Man ist sieben Tage die Woche, von morgens bis abends, 24 Stunden, 1.440 Minuten, 86.400 Sekunden am Tag kontrolliert. Kontrolliert darin, nichts zu essen, nichts zu trinken, Sport zu machen. Doch wenn einem bewusst wird, dass das nicht normal ist, merkt man plötzlich: Eigentlich ist alles »Außer Kontrolle«!

Nur wenn man das merkt, ist es meistens schon zu spät.

Obwohl ich zu dieser Erkenntnis gekommen bin, kann ich es nicht wirklich zugeben. Ich habe trotzdem weiterhin versucht, meine Fassade aufrechtzuerhalten. Ich kann nicht plötzlich sagen: »Hey Leute, ihr hattet recht, ich bin nicht ganz dicht in der Birne, aber ändern kann und will ich es eigentlich auch nicht!«

Trotzdem versuche ich, nach und nach ein bisschen von meiner Maske abbröckeln zu lassen. Und einfach mal zuzugeben, dass es mir manchmal nicht gut geht. Bisher war meine Antwort schon wie in einem festen Drehbuch. Tag für Tag die gleiche Antwort auf die Frage: »Wie geht es dir?«

»Ja, gut, und dir?«

Und jedes Mal komme ich mir bescheuerter vor, weil ich mich meistens kurz vorher noch lauthals am Frühstückstisch mit meiner Mutter gestritten habe oder wir beide geheult haben. Mama vor Sorge, ich vor Verzweiflung. Also fange ich jetzt langsam an, einfach davon zu erzählen. Immerhin sind es nicht irgendwelche Leute, die mich fragen, wie es mir geht. Es sind meine Freundinnen. Und dafür stehen Freundinnen doch. Dass sie alles von einem wissen. Einem helfen wollen. Und auch das Recht darauf haben zu wissen, wie es der Freundin geht. Und selbst wenn ich sage, dass es mir prima geht, merke ich immer, dass sie wissen, dass ich nicht die Wahrheit sage. Dass sie wissen, wie es zurzeit zu Hause zugeht, und dass sie wahrscheinlich auch schon längst wissen, dass es mittlerweile auch mir klarer ist. Wenn ich jetzt gefragt werde, erzähle ich immer ein bisschen mehr von dem, wie es wirklich in mir aussieht. Ich habe immer Schiss vor der Reaktion, doch erstaunlicherweise bleibt es aus, dass sie sagen: »Na? Siehst du? Wir haben es ja gleich gesagt« oder »Da brauchst du dich auch nicht zu wundern« oder »Ja dann sieh mal zu, dass du dich entschuldigst«.

Mit solchen Sätzen rechne ich nämlich immer. Doch so etwas sagen sie nicht. Sie haben Verständnis, versuchen, mich aufzubauen und mir gut zuzureden. Richtig gute Freundinnen eben. Aber ich merke, dass die Wahrheit zu sagen noch viel anstrengender ist, als zu lügen und eine Maske zu tragen, um jemanden darzustellen, der man gar nicht ist. Denn wenn ich die Wahrheit sage, muss ich mich damit konfrontieren. Ich muss Dinge zugeben, die ich lange verdrängt habe, die ich nicht einsehen wollte. Und über diese Dinge zu reden ist furchtbar anstrengend, sodass ich immer noch versuche, es, wenn ich es tue, so kurz wie möglich zu machen. Allerdings merke ich auch, dass es mit Freunden einfacher ist als mit der Familie. Denn in der Familie ist ständig das Essen an sich Thema. Meistens kommt es während der Mahlzeiten zu solchen Gesprächen. Und dann bleibe ich lieber dabei zu sagen: »Ich habe schon gegessen« oder »Ich habe keinen Hunger«, als zu sagen: »Wenn ich das esse, fühle ich mich miserabel«, »Ich kann das nicht essen, weil ich es mir verbiete«, »Wenn ich das esse, nehme ich 5 kg zu«. Das während des Essens zu sagen ist mir auch mit meiner Einsicht nicht möglich.

Doch nicht nur die Nahrungsaufnahme ist das Problem. Inzwischen kommen noch so viele andere Dinge hinzu, die ich immer deutlicher merke, je kälter es wird.

Ich brauche morgens alleine schon die Hälfte der Zeit, nur um mich anzuziehen. Ich achte immer sehr darauf, was ich anziehe, denn wenn ich etwas anhabe, was mir nicht gefällt, dann ist der Tag schon für mich gelaufen. Ich muss mich wohlfühlen und das hat meistens damit zu tun, wie ich morgens aussehe und was ich anhabe. Doch das lässt sich in letzter Zeit mit meinem Körper nicht ganz so vereinbaren. Denn wenn andere noch eine schicke Bluse oder einfach nur eine Übergangsjacke tragen können, würde ich schon längst erfrieren. Wo ich gehe und stehe, egal welches Wetter es ist, egal ob Sonne, Regen oder Wind, egal ob Tag oder Nacht – ich friere. Ich weiß schon gar nicht mehr, wann ich das letzte Mal eine warme Nasenspitze hatte, und es ist gerade mal September. Doch auch im Juli und August habe ich schon gefroren.

Zu Hause ist es nicht so das Problem, da kann ich die Heizung auf Fünf stellen und mir alle halbe Stunde eine neue Wärmflasche machen oder mich in ganz dicke Decken einrollen. Aber wenn ich zur Schule oder allgemein raus muss, ist es schrecklich. Ich muss mir mindestens drei Pullover übereinanderziehen, eine dünne Thermo-Strumpfhose, eine dicke Wollstrumpfhose, darüber eine Jeans, dicke Socken und Fellschuhe. Und trotzdem möchte ich es immer vermeiden, jemandem die Hand zu geben, weil meine Finger immer eiskalt sind und die folgenden zehn Minuten dann immer meine kalten Hände Gesprächsthema sind.

Leute, die mich nicht so gut kennen, rufen: »Mein Gott, hast du kalte Hände. Frierst du etwa?«

Dann denke ich mir eine Ausrede aus, wie: »Nein, ich hatte gerade etwas Kaltes in der Hand«, »Nein, ich habe mir gerade die Hände gewaschen«, oder ich versuche einfach, es zu ignorieren.

Von Leuten allerdings, die mich kennen, und von meiner Mutter, die wissen, was mit mir los ist oder es sich einfach auch denken können, bekomme ich eine Erklärung zu meinen kalten Händen gratis dazu: »Mein Gott, hast du kalte Hände. Das kommt alles vom Untergewicht. Wenn du mehr auf den Rippen hättest, hättest du auch keine kalten Hände mehr. Dein Körper hat ja gar nichts mehr zuzusetzen, womit er dich wärmen könnte. Und weil das Blut zu Händen und Füßen so einen langen Weg hat, sind die als Erstes kalt.«

Das oder Ähnliches höre ich immer nach dem Händedruck. Und ich muss mich beherrschen, dass ich nicht irgendwann, wenn ich den Satz zum 9999999999. Mal höre, jemandem an die Gurgel springe. Auch wenn es vielleicht nur nett gemeint ist.

Einen einzigen Vorteil kann ich nennen, den meine »Kleider-Schichten« bringen, außer dass sie wärmen.

Sie machen mich schwerer. Genauso wie heute Morgen. Als ich heute Morgen vor meiner Mutter auf die Waage steigen muss, ist ihr endgültig klar, dass ich auch die 40 kg schon unterschritten habe. Die Waage zeigt zwar 39,8 an, was meiner Mutter allein schon fast einen Schock verursacht, doch dank meiner »Pullover-Schichten« erfährt sie nicht mein wirkliches Gewicht. Wenn sie das jetzt gesehen hätte, hätte sie wahrscheinlich nicht nur einen Schock, sondern wäre gleich tot umgefallen. Sehr viel bringt es aber heute auch nicht, weil sie trotzdem fassungslos ist und die gleiche Prozedur wie jeden Tag losgeht. Doch diesmal ist es etwas anders. Ich glaube, dass meine Mutter einfach nur noch verzweifelt ist. Sie meinte schon so oft zu mir, dass, wenn es so weitergeht, sie mich auf jeden Fall in die Klinik bringt. Allerdings weiß ich auch, dass sie alles versucht, um mir so zu helfen. Die Klinik ist für sie der allerletzte Ausweg und sie meinte auch schon oft, dass es nicht nur für mich, sondern auch für sie das Schrecklichste wäre, mich in die Klinik bringen zu müssen, auch wenn sie weiß, dass ich da in guten Händen bin aus medizinischer Sicht.

Die Vorstellung, seine eigene Tochter in die Psychiatrie zu bringen, zu sehen, wie sie weinend und bettelnd an der Tür steht, sie nur einmal die Woche zu sehen, macht sie verzweifelt. Und gerade heute Morgen merke ich wieder, wie verzweifelt sie eigentlich ist, weil sie nicht mehr weiß, was sie noch tun soll. Zuerst rastet sie wieder vollkommen aus, fragt mich, ob ich sie verarschen wolle, wie ich mir das eigentlich vorstelle, wie es weitergehen solle, dass sie mich in die Klinik bringen und dass sie ihren Job kündigen werde, um mich von morgens bis abends zu kontrollieren. Doch als sie dann am Frühstückstisch sitzt und mich essen beziehungsweise nicht essen sieht, weint sie nur noch. Und weint und weint und weint und fragt sich immer wieder, was sie nur tun soll. Und ich sitze nur da, sehe, wie verzweifelt sie ist, und würde sie am liebsten einfach in den Arm nehmen und ihr sagen: »Okay, Mama, es wird alles gut. Ich werde jetzt zunehmen und wieder die alte Hanna werden.« Dann würde ich mich wieder hinsetzen und fünf Brote essen, um sie glücklich und mich wieder gesund zu machen.

Doch es klappt nicht. Ich sitze vor meinem Brot, mittlerweile nur noch Knäckebrot mit daraufgekratzter Marmelade, und schaffe es nicht, davon abzubeißen. Ich schaffe es einfach nicht. Und das macht mich so wütend, so verzweifelt und so traurig. Als Mama mich dann geradezu anfleht, doch bitte wenigstens dieses eine Knäckebrot zu essen, fange auch ich an zu weinen. Ich schlage förmlich meine Hände vor das Gesicht und weine einfach so drauflos. Ich kann gar nicht mehr aufhören. Als meine Mutter dann sofort aufsteht und mich in den Arm nimmt, wird es noch schlimmer. Unter Tränen bringe ich krächzend hervor: »Vielleicht ist es doch besser, wenn ich in die Klinik gehe?«

»Ja, mein Schatz, das glaube ich auch. Du weißt nicht, wie sehr du mich damit erleichterst. Ich rufe sofort den Hausarzt an, dass er dich einweisen lässt.«

Anschließend fahren wir zu dem Doktor, der uns anhört und in der Uni-Klinik anruft. Weil wir aber aus Hamm kommen und daher keine Noteinweisung machen können, weil ich dann in Hamm in die Klinik kommen würde, müssen wir noch drei Tage warten, bis wir einen Termin haben. Auch das lässt meine Mutter wieder panisch reagieren, weil sie Angst hat, dass gerade in diesen drei Tagen etwas mit mir passieren könnte.

»Du gehst jetzt die nächsten drei Tage auf keinen Fall mehr in die Schule. Ich muss leider arbeiten, weil ich mir nicht frei nehmen kann, also bist du den ganzen Tag mit Oma zusammen, die auf dich aufpasst.«

In den ganzen drei Tagen schaffe ich es nicht mehr, etwas zu essen. Meine Oma schafft es gerade, dass ich etwas Wasser trinke.

# 4. KAPITEL

# Ab auf die »Geschützte«

*8. Oktober 2008*

Es ist der 8. Oktober 2008. Meine Mutter, Matthias und ich sind auf dem Weg in die Uni-Klinik. In die Kinder- und Jugendpsychiatrie. Ich kann gar nicht beschreiben, wie es mir geht. Es liegt jetzt etwas vor mir, das ich weder beschreiben noch einschätzen kann. Ich habe panische Angst vor dem, was kommt. Dieses Gefühl überwiegt momentan und wird nur von einem ganz kleinen Anflug von Hoffnung geschnitten. Doch einfach nicht zu wissen, was jetzt mit einem passiert, ob man sich überhaupt darauf einlassen kann, ob es überhaupt jemals besser wird, ob ich nicht damit klarkomme zuzunehmen, ob ich es überhaupt schaffe, zu essen und zuzunehmen – ohne Sonde –, ist so beklemmend. Tausend Fragen schwirren in meinem Kopf umher und am liebsten würde ich mich in Luft auflösen oder einfach die Zeit zurückdrehen zu dem Punkt, als noch alles beim Alten war.

Je näher wir dem Büro der Ärztin kommen, desto größer wird dieses Verlangen. Das Gespräch mit der Ärztin ist schrecklich. Wir sitzen in einem kleinen Raum, draußen ist es herbstlich, es regnet und ich halte einfach nur die ganze Zeit die Hand meiner Mutter. Nach einiger Zeit nimmt mich die Ärztin mit, um mich zu wiegen und meine Körpergröße zu messen. Nachdem ich auf der Waage stand, bin ich stolz wie Oscar. Als meine Mutter jedoch erfährt, wie viel ich noch wiege, kann sie es kaum fassen.

37,7 kg.

Die Ärztin erklärt, dass ich auf eine Station komme für 12–17-Jährige. Ich bekomme sechs Mahlzeiten am Tag und eine ganz genaue Kalorienmenge wird mir zugeführt. Wenn ich etwas nicht aufesse oder verweigere, bekomme ich Zusatznahrung, in diesem Fall Fresubin. Sollte ich auch das verweigern, würde mir eine Magensonde gelegt. Ich werde jeden Morgen gewogen und muss vorher auf die Toilette gehen, auf die ich begleitet werde, damit ich kein Wasser trinke. Außerdem werde ich rückwärts gewogen, damit ich nicht sehen kann, was ich wiege. Therapien erfolgen erst nach erfolgreicher Gewichtszunahme. Nach jeder Mahlzeit muss ich eine Stunde ruhig auf der Couch im Gemeinschaftsraum sitzen und auch sonst darf ich nicht aufs Zimmer. Bei Toilettengängen werde ich anfänglich begleitet. Kurz darauf verschwindet sie auf dem Flur, um sich zu erkundigen, auf welche Station genau ich kommen soll. Von da an kann ich mich nicht mehr zurückhalten. Ich klappe auf dem Stuhl zusammen und weine nur noch. Meine Mutter nimmt mich in den Arm und versucht, mir gut zuzureden, indem sie sagt, dass jetzt alles nur noch besser werden kann. Doch ich denke bereits an den Skiurlaub, der an Weihnachten ansteht, und als ich mir vorstelle, Weihnachten, meinen Geburtstag und Silvester ohne meine Familie verbringen zu müssen, bricht die Welt völlig für mich zusammen, denn bis dahin sind es nur noch zehn Wochen. Während ich das Gefühl habe, dass mein Leben jetzt vorbei ist und ich am liebsten tot wäre, kommt die Ärztin zurück in den Raum.

»Also Ihre Tochter kommt auf die Station 3.«

»Was ist das für eine Station?«, fragt meine Mutter sofort.

»Die Geschützte!«

Das Wort »geschlossen« beziehungsweise »geschützt« bringt die Situation ziemlich korrekt auf den Punkt. Bevor man die Station betreten kann, muss man erst einmal klingeln. Anschließend geht man durch eine Sicherheitstür, die nur mit einer speziellen Karte zu öffnen ist. Dann steht man in einer Art Schleuse und geht anschließend durch eine zweite Sicherheitstür, die sich wieder nur mit einer Chipkarte und erst öffnen lässt, wenn die erste zu ist. Sollte eine der beiden Türen länger aufstehen als zehn Sekunden, geht sofort der Alarm los und alle Pfleger und Betreuer stürmen zur Tür.

Zufälligerweise komme ich mir jetzt schon vor wie in einem Knast. Dieser Eindruck bestätigt sich, als meine Tasche durchsucht wird und ich alles abgeben muss, was aus Glas, spitz, gefährlich oder so lang ist, dass man sich damit erhängen könnte. In meinem Fall sind das mein Make-up, mein Haarspray, mein Kamm, mein Deo und einige meiner Haarspangen. Als meine Tasche dann durchsucht und ausgeräumt ist, werde ich auf mein Zimmer gebracht.

Eigentlich ist es kein richtiges Zimmer, eher ein kleiner Flur. Darin stehen zwei Betten, zwischen denen nicht mehr Platz als ein Meter ist, ein Schrank und ein Waschbecken. Am Ende des Zimmers ist keine Wand, sondern ein großes Fenster, das man allerdings nur ganz oben unter der Decke von den Betreuern aus dem Dienstzimmer öffnen lassen kann. Ausbruchsicher. Aber zumindest ist das Zimmer schön hell. Als ich jedoch die Kamera unter der Decke erblicke, ist dieser einzige schöne Eindruck wieder zunichte gemacht. Auf dem Flur gibt es zwei kleine Bäder mit Toilette und Dusche und ein größeres Bad mit Toilette und Badewanne. Die Badewanne funktioniert nicht und die Duschen gehen alle zehn Sekunden aus.

Insgesamt sind auf der Station ungefähr 16 Jugendliche und ein neunjähriger Junge. Als ich meine Sachen abgestellt habe, soll ich mich in den Gemeinschaftsraum setzen, weil Mama und Matthias noch einige Gespräche zu führen haben mit den behandelnden Ärzten. Die anderen Jugendlichen, die zurzeit im Gemeinschaftsraum sitzen, sind alle sehr nett und die Mädchen stellen sich auch gleich vor. Kommen allerdings auch gleich zur Sache: »Hey, ich bin Kristina. Wie heißt du und weswegen bist du hier?«

»Ähm, hallo, ich bin Hanna. Ich bin wegen Magersucht hier. Und du?«

»Ich auch, aber mittlerweile, nachdem ich versucht habe, es tausendmal zu erklären, glauben auch die Ärzte, dass es doch was anderes ist. Ich bin jetzt schon seit über acht Wochen hier. Also mach dir nicht zu große Hoffnungen, die lassen einen hier vergammeln. Hast du auch Ausgang null? Na ja, ich denke schon. Alle Magersüchtigen haben Ausgang null.« – »Was ist denn Ausgang null?«

»Das heißt, dass du gar nicht raus darfst. Allerhöchstens in den Stationsgarten mit einem Betreuer, aber nur zum Sitzen. Wir dürfen uns nämlich nicht bewegen.«

Während sie mir vom Stationsgarten erzählt, nickt sie Richtung Fenster. Dort draußen sind eine kleine Rasenfläche und eine Bank. Allerhöchstens 20 m² groß und mit einem hohen Zaun umzäunt.

Nach und nach kommen einige Betreuer der Station und stellen sich vor, doch irgendwie wirken alle sehr gestresst oder durcheinander. Plötzlich springt der kleinste Junge neben mir auf der Couch herum und klärt mich lauthals über die Situation auf: »Sei froh, dass du heute erst gekommen bist. Gestern waren alle voll aggressiv, aber heute sind immer noch alle Betreuer so gestresst, weil Dorothee gestern beim Spaziergang abgehauen ist. Die ist zum Bahnhof gerannt und hat sich auf die Bahngleise gelegt. Aber die Polizei hat sie ganz schnell gefunden und eingefangen und jetzt ist sie wieder im Krisenraum. Da hat sie gestern Nacht die ganze Zeit herumgeschrien und hat versucht, sich umzubringen mit ihrer Schlafanzughose. Aber das hat sie schon öfter probiert. Dann bekommt sie immer Medikamente, genauso wie gestern, das heißt, sie ist jetzt erst mal stillgelegt für den Rest des Tages. Ich bin übrigens Tom. Ich bin jetzt seit sechs Wochen hier, aber ich bin erst neun, habe aber trotzdem schon eine Freundin, die war auch hier auf der Station, ist aber jetzt auf Station 2. Ich musste voll heulen, aber wir schreiben uns immer Briefe. Die ist auch magersüchtig, aber hinterher hat sie sogar Brötchen mit Schokoladencreme gegessen. Wir haben uns auch schon geküsst, aber ich hatte sowieso schon viele Freundinnen und ...«

»Ja Tom, ist ja gut jetzt, das interessiert sie, glaube ich, im Moment nicht sehr doll. Hallo. Ich bin Sarah.«

Bevor ich antworten kann, schreit Tom: »Leck mich mal am Arsch, ey, du dumme Hure, wetten, das interessiert die? Brauchst dich mal nicht einzumischen, ey.«

Da kommt ein Betreuer und meint: »Wenn du noch mal Hure oder etwas in der Richtung sagst, kommst du in den Time-out-Raum.«

»Sie können mich mal am Arsch lecken, ich geh nicht in den Time-out-Raum, ich war da heute schon. Ihr seid doch alle Ficker ey, Hurensöhne, ihr Behinderten ...«

Der Rest geht dann eigentlich sehr schnell. Zwei Betreuer kommen, schnappen sich Tom und bringen ihn nach nebenan, während er sich mit Händen und Füßen wehrt und das ganze Krankenhaus mit Schimpfwörtern zusammenschreit.

»Mach dir keine Sorgen, der ist nicht immer so. Aber er hat ADS und zwischendurch immer so Ausraster«, erklärt mir Sarah.

»Ach so, okay. Und wie lange beziehungsweise weswegen bist du hier?«

»Auch wegen Magersucht. Ich bin jetzt den neunten Monat hier.« – »DEN NEUNTEN MONAT?«, frage ich fassungslos.

»Ja, das ist jetzt meine dritte Klinik. Als ich hierherkam, wog ich noch 28 kg bei einer Größe von 1,73 m. Die ersten zwei Monate wurde ich nur sondiert. Aber ich habe gestern erfahren, dass ich chronisch magersüchtig bin.«

Chronisch magersüchtig, 28 kg bei einer Größe von 1,73 m? Ich bin gerade mal 1,62 groß. Nachdem ich das alles von ihr erfahren habe, fühle ich mich eigentlich wieder sehr gesund.

# 5. KAPITEL

# Erster Versuch

*Oktober bis Dezember 2008*

Die Klinik ist schrecklich. Ich habe furchtbares Heimweh und auch die Mahlzeiten sind eine Qual. Nicht weil ich es nicht ertragen kann, sondern weil die äußeren Umstände so schrecklich sind. Es gibt pro Mahlzeit 20 Minuten Zeit, zum Mittagessen mit Nachtisch 30 Minuten. Ich bin immer die Letzte, die fertig ist mit dem Essen, und dann starren mich alle an und scharren mit den Hufen und verdrehen die Augen. Ich bekomme am Tag 2400 kcal, die sich so zusammenstellen:

- 7.00 Uhr Frühstück: 1 Brötchen mit dick Butter und Marmelade, 300 ml Kakao
- 10.00 Uhr Zwischenmahlzeit: Müsli mit Naturjoghurt (ich hasse diesen Joghurt)
- 12.30 Uhr Mittagessen: 1 vorgegebene Portion + Nachtisch
- 15.00 Uhr Teezeit: 1 Stück Kuchen, 1 Stück Obst
- 18.30 Uhr Abendbrot: 2 Vollkornbrote mit dick Butter und Käse/ Wurst
- 20.00 Uhr Spätmahlzeit: 1 Schokoriegel, 1 Stück Obst
- 22.00 Uhr Zusatznahrung: 300 ml Fresubin (=300 kcal) zusätzlich

Alle Mahlzeiten werden von den Betreuern zubereitet und mir vorgesetzt. Was ich nicht mag, muss ich entweder aufessen oder durch Fresubin ersetzen. Da meine Kalorienzufuhr genau berechnet ist am Tag und Essgestörte oft ihr Essen »zelebrieren«, darf ich nicht mal Salz oder Ketchup an mein Essen machen. Ich sitze mit Kristina an einem extra Tisch mit einem Betreuer, der uns kontrolliert.

Das größte Problem bei der Sache ist, dass Kristina sich das Essen geradezu hineinstopft, genauso wie mein Betreuer, der mindestens 120 kg wiegt, was zur Folge hat, dass die beiden meistens schon nach zehn Minuten fertig sind und mich ungeduldig anstarren oder mein Betreuer ungeduldig mit seinen Fingern auf den Tisch trommelt. Außerdem versucht er immer, mich zu erziehen, und ist auch sonst sehr unfreundlich zu mir. Manchmal würde ich ihm am liebsten an die Gurgel springen, doch ich hab auch schon überlegt, ob diese Provokation von ihm vielleicht zur Therapie gehört.

Heute Mittag kommt gegen 20 nach zwölf der Essenswagen in den Gemeinschaftsraum gerollt. Da ich aber portioniertes, anderes Essen bekomme als die Übrigen, interessiert mich natürlich, was die anderen zu essen bekommen, also frage ich: »Was gibt es denn heute?«, und versuche, einen Blick in den Essenswagen zu werfen. Da grinst mich mein Betreuer auf einmal kackfrech an und meckert: »Das hat dich doch gar nicht zu interessieren, du bekommst doch eh etwas anderes.«

Weil das eigentlich als eine ganz normale Frage von mir gemeint war und ich nicht mit so einer Antwort rechnete, weiß ich gar nicht, was ich darauf sagen soll, und stehe wie erstarrt da. Irgendwie habe ich sowieso das Gefühl, dass er ziemlich frustriert ist und gerne mal herummeckert, anstatt ordentlich mit mir zu reden.

Morgens und abends bekomme ich jeweils 50 mg Dogmatil. Ein Antidepressivum. Ich weiß nicht, ob es von dem Medikament kommt oder von der Unterernährung, aber auf jeden Fall verliere ich seit Kurzem meine Haare. Deswegen nehme ich das Medikament nur widerwillig, wobei der Haarausfall aber wahrscheinlich eher von der Unterernährung kommt. Nach dem Essen nehmen wir uns dann alle etwas Wasser, nehmen die Tablette und müssen anschließend zeigen, dass wir sie auch wirklich heruntergeschluckt haben.

Ich habe allerhöchstens 20 ml Wasser in meinem Glas, welches mir kurz vorher ein anderer Betreuer eingeschüttet hat, und schlucke gerade die Tablette runter, da meckert mich mein Betreuer an: »Warum nimmst du jetzt das gleiche Wasser wie die anderen? Du hast eine extra Flasche Wasser, aus der du gefälligst auch zu trinken hast, damit wir genau sehen können, was du trinkst. Das wurde dir aber jetzt auch schon oft genug gesagt!«

Ehrlich gesagt, höre ich es zum ersten Mal, aber das sage ich nicht, weil ich mir wieder total überrumpelt vorkomme. Das Einzige, was mich jetzt ein bisschen aufheitern kann, ist, dass es Abend ist, ich eine halbe Stunde mit meiner Mutter und meiner Oma telefonieren kann, die ich über alles vermisse, und der Tag dann endlich um ist. Mir graut aber noch vor dem widerlichsten Zeug auf der ganzen Welt: Fresubin.

Das muss ich immer kurz vorm Schlafengehen trinken und hoffe dann immer, dass ich so schnell wie möglich einschlafe und dass ich vielleicht am nächsten Tag aufwache und alles nur ein böser Albtraum ist. Heute bekomme ich auch noch eine Neue auf mein Zimmer.

Sie sieht ziemlich schräg aus und macht mir gleich ihren Unmut klar: »Die sind doch alle bescheuert hier. Was ich alles abgeben musste! Zu Hause schlafe ich normalerweise immer mit meinem Jagdmesser neben meinem Bett und jetzt wurde es mir abgenommen. Ohne mein Messer kann ich nicht schlafen!«

Ich denke mir dabei einfach nur, dass es mir überhaupt nicht leidtut, dass sie dieses Messer abgeben musste. Denn sonst hätte ich nicht schlafen können. Ich lasse sie erst mal allein, weil ich so oder so wieder in den Gemeinschaftsraum muss, und sehne eigentlich nur noch den Abend herbei.

Abends, wenn ich mit meiner Mutter oder Oma telefoniere, besteht das Telefonat fast nur aus Weinen und meinem Klagen, dass ich nach Hause will und dass alles so schrecklich hier ist. Doch so ist es auch. Heute ist es besonders schlimm. Ich flehe meine Mutter förmlich an, mich nach Hause zu holen an Weihnachten, mich nicht alleine hier zu lassen, doch auch sie weiß nicht, was sie machen soll: »Hanna, ich weiß ja, wie es dir geht, und Weihnachten nicht mit dir zu verbringen, kann ich mir im Traum nicht vorstellen, aber ich weiß doch auch nicht, was ich machen soll.«

»Aber Mama, mir geht es doch schon viel besser. Ich achte nicht mehr auf die Kalorien, die ich esse, und ich fühle mich wohl, wenn ich esse. Ich will das nicht mehr, wie es früher war, aber wenn ich über Weihnachten hier bin und nicht mit in den Urlaub kann, dann … Mama! BITTE! Ich halte das nicht aus, BITTE, ich vermisse euch so sehr. Ich komme mir unglaublich einsam vor, auch wenn ganz viele in meinem Alter um mich herum sind, doch das macht die Sache auch nicht besser. Jeder Tag kommt mir vor wie eine Woche und das Herumsitzen den ganzen Tag macht mich mürbe. Dazu kommt, dass im Gemeinschaftsraum den ganzen Tag Musik laufen muss, damit nicht verstanden wird, was im Dienstzimmer besprochen wird. Und nach mittlerweile sieben Wochen Charts herauf und herunter könnte ich kotzen, wenn wieder eines der Lieder anläuft, die von morgens bis abends dudeln. Ich glaube, ich werde verrückt. MAMA, ich kann nicht mehr.«

»Ja, Hanna, ich verstehe dich ja und sein Kind so zu hören ist das Schlimmste für eine Mutter. Aber was soll ich denn machen deiner Meinung nach. Wenn ich dich da heraushole, gilt das als Therapieabbruch, und was ist, wenn dann alles wieder von vorne losgeht?«

»Mama, bitte …« Ich kann vor lauter Verzweiflung und Tränen nicht mehr reden, ich schluchze einfach nur noch ins Telefon und wünsche mir gerade einfach, nur tot zu sein, damit dieses Leiden vorbei ist, weil ich gar nicht mehr weiß, wie ich es aushalten kann.

»Bitte, Hanna, hör auf, so zu weinen, wir werden schon irgendeine Lösung finden ...«

»Ich will nicht irgendeine Lösung! Ich will nach Hause. Ich kann nicht mehr und es wird auch nicht mehr wieder von vorne losgehen, bitte lasst mich nicht allein.«

»Wir haben doch bald dieses Familiengespräch mit dem Professor und dann schauen wir mal, ob sich da irgendetwas regeln lässt. Ich verspreche dir, ich werde Weihnachten nicht ohne dich verbringen.«

Als das Gespräch beendet ist, kann ich nicht mehr. Ich glaube, ich habe mehrere Stunden nur geheult. Zumindest sehe ich so aus.

Am nächsten Tag kommt meine Oma für zwei Stunden zu Besuch. Ich habe ihr gesagt, dass sie irgendwie versuchen soll, mir Schokolade mitzubringen, weil ich nichts nebenher essen darf. Ich muss mich genau an meinen Plan halten. Doch wenn ich Lust auf Schokolade habe und sowieso zunehmen muss, denke ich gar nicht daran, mir das verbieten zu lassen. Und was man nicht weiß, macht einen auch nicht heiß.

Kurz nach drei kommt dann meine Oma und wird durch die Schleusen gelassen. Die Schokolade wird nicht gefunden, als ihre Tasche durchsucht wird, weil meine Oma sich das fast gedacht hat, doch dafür muss sie ihre Hustenbonbons abgeben, ich könnte ja eines davon essen, um mich einfach nur aus der Klinik »zu futtern«, mit dem Unterschied, dass meine Oma schwere Hals- und Hustenprobleme hat und eigentlich stündlich eines dieser Bonbons lutschen muss, doch auch das interessiert den Betreuer herzlich wenig. Umso schadenfroher bin ich, als ich die Schokolade in den Händen halte und schnell in meinem Zimmer verstecke. Der Besuch ist wunderschön, auch wenn ich die ganze Zeit nur mit ihr im Gemeinschaftsraum sein darf mit den anderen Patienten und deren Besuch, mit schrecklichem Radio und schrecklich lauten Türen, die die ganze Zeit zuknallen, und ich eigentlich die ganze Zeit nur auf ihrem Schoß liege und weine. Ich habe schreckliches Heimweh und fühle mich einfach nur leer. Das Essen fällt mir mittlerweile vom Kopf her leichter, weil es eh alles kontrolliert wird und ich nichts daran ändern kann. Doch die Mahlzeiten werden so schnell durchgeführt, dass mir den ganzen Tag übel ist und ich furchtbare Bauchkrämpfe habe.

Außerdem rückt Weihnachten immer näher und wenn ich mir vorstelle, Weihnachten ohne meine Familie verbringen zu müssen, die im Urlaub ist, könnte ich sterben. Doch ich glaube, es ist noch lange kein Ende in Sicht. Wenn ich wenigstens wüsste, wie viel ich wiege, könnte ich ausrechnen, wie viel noch fehlt und wie lange es ungefähr noch dauert, denn ich glaube, ich muss 48 kg wiegen. Aber zumindest zeichnen sich schon kleine Fortschritte ab. Am Wochenende darf ich mit meiner Familie für ein paar Stunden die Klinik verlassen und ab Montag darf ich zur Schule gehen, zur Klinikschule. Bisher hatte ich hier in der Klinik nur Einzelunterricht bei Lehrern für Latein, Französisch, Mathe, Deutsch und Englisch.

Ich freue mich nicht so darüber, weil ich nicht wirklich scharf darauf bin, in diese komische Schule zu gehen. Doch es bedeutet Tapetenwechsel. Endlich mal etwas anderes sehen, und vor allem heißt es Fortschritt, denn je mehr ich darf, desto mehr wird mir vertraut, desto näher komme ich meinem Ziel, desto eher bin ich hier wieder raus.

An Therapien habe ich bis jetzt Kunst- und Körpertherapie. Außerdem habe ich ein, allerhöchstens zwei Gespräche in der Woche mit meinem Therapeuten, da geht es aber meistens um Organisatorisches, oder was ich darf beziehungsweise nicht darf. Von den Gesprächen her merke ich keinerlei Fortschritt. Aber ich merke, wie meine Kleidung immer enger wird, und ich weiß nicht, wie ich damit umgehen soll. Es wird mir nur gesagt, dass ich auf jeden Fall noch zunehmen muss, doch ich habe das Gefühl, dass ich schon 48 kg wiege. Das nicht zu wissen und nicht zu wissen, wie viel noch fehlt, macht mir immer wieder Angst. Morgen ist erst mal ein Familiengespräch, da werden wir dann hoffentlich erfahren, wie es mit mir aussieht und was aus Weihnachten wird. Bei dem Gespräch werden meine Mutter, Matthias, mein Therapeut, ein Betreuer, der Professor der Klinik und ich dabei sein. Ich habe furchtbare Angst und bin aufgeregt. Dann ist es so weit.

»Kommen Sie doch bitte herein. Nehmen Sie Platz.«

Der Professor zeigt auf einige freie Stühle, auf die wir uns setzen. Anschließend besprechen wir, was für Fortschritte ich gemacht habe und was für Veränderungen Mama und Matthias an mir wahrnehmen. Ich kann, ehrlich gesagt, kaum zuhören, weil ich nur an Weihnachten denken muss und daran, dass ich nach Hause möchte. Als der Professor dann meint: »Ihre Tochter hat zwar schon große Fortschritte gemacht, aber sie ist noch nicht über den Berg«, muss ich sofort wieder anfangen zu weinen und kann mich kaum zurückhalten.

»Wie sieht das denn mit Weihnachten aus? Wir sind ja jedes Jahr an Weihnachten im Urlaub. Ist es nicht möglich, dass sie für ein paar Tage über Weihnachten mit uns mit kann? Ich kann doch nicht Weihnachten ohne meine Tochter verbringen«, meint meine Mutter.

Doch der Professor guckt sie nur stur an und fragt, wie viele Menschen auf der Welt ohne ihre Familie Weihnachten verbringen müssen.

»Aber nicht mal für ein paar Tage? Ich meine, andere Kliniken haben ganz geschlossen über Weihnachten und da kann meine Tochter nicht mal für ein paar Tage zu ihrer Familie?«

»Nein. Wir sind doch hier kein Hotel!«

»Da gibt es auch noch einen Unterschied zu einem Hotel und dazu, Weihnachten bei der Familie sein zu wollen. Was passiert denn über diese Zeit mit meiner Tochter? Es sind doch über die Feiertage keinerlei Therapeuten da, die sie wenigstens psychologisch begleiten könnten über die Zeit. Das heißt, meine Tochter ist an Weihnachten hier, während fast alle anderen Patienten zu Hause sind, und sie hat nicht mal Therapien. Wer sagt mir denn, dass sie in dieser Zeit überhaupt gut betreut ist? Wer versichert mir denn, dass sie sich nichts antut in dieser Zeit oder depressiv wird?«

»Natürlich hat sie keine Therapien in dieser Zeit, aber wir haben genug Betreuer, die sich um sie kümmern werden und da wird sie sich auch nichts antun können. Wenn das so einfach wäre, wären wir keine geschützte Psychiatrie.«

»Pah, na toll, das beruhigt mich ja ungemein. Nein. Das kann ich nicht. Das kann ich nicht machen. Ich nehme meine Tochter mit.«

»Wenn Sie meinen, dass Sie das tun müssen, tun Sie es. Aber dann auf Ihre Verantwortung!«

»Das weiß ich. Dann mach ich es auf meine Verantwortung!«

Anschließend sitze ich mit Mama und Matthias alleine in einem Raum und merke, dass Mama sich ihrer Sache nicht sicher ist.

»Mama, lass mich hier. Ich werde das schon irgendwie schaffen.«

Ich kann kaum glauben, dass ich das sage, denn die Vorstellung, an Weihnachten, an meinem Geburtstag und an Silvester alleine sein zu müssen und das heißt wirklich alleine, weil die anderen Patienten alle zu Hause sind, macht mich fertig.

Doch meine Mutter nimmt mich in den Arm und meint: »Ich weiß, dass ich das auf meine Verantwortung mache. Aber ich höre jetzt auf mein Bauchgefühl und auf mein Herz und ich handele jetzt nicht richtig aus ärztlicher Sicht. Aber ich handele jetzt als Mutter. Und ich kann dich nicht hier alleine lassen.«

Anschließend unterschreibt sie einen Zettel, ich packe meine Sachen und sitze kurze Zeit später im Auto nach Hause.

Ich kann es kaum glauben.

# 6. KAPITEL

# »Klinik? Never!«

*Dezember 2008
bis Februar 2009*

Als wir am 22. Dezember Richtung Österreich fahren, bin ich wahrscheinlich der glücklichste Mensch. An Weihnachten muss ich wieder anfangen zu weinen, weil ich einfach so froh bin, bei meiner Familie sein zu können.

Insgesamt ist der Urlaub einer der schönsten Urlaube überhaupt und dass ich auch an meinem Geburtstag und an Silvester mit meiner Familie zusammen bin, kann ich kaum fassen. Auch mit Matthias klappt es sehr gut und es ist alles sehr harmonisch.

Als ich heute Abend mit meiner Schwester ins Schwimmbad gehe, sehe ich wieder die Waage, die dort steht. Beim ersten Mal hab ich es gerade noch so geschafft, daran vorbeizugehen, doch bereits beim zweiten Mal kann ich nicht widerstehen. Es ist so, als müsste man ein Geschenk geschlossen lassen, von dem man unbedingt wissen möchte, was drin ist. Ich steige darauf und sie zeigt 43 kg an. Ich habe schon vermutet, dass ich so viel wiege, doch ich kann überhaupt nicht beschreiben, wie ich mich fühle. Ich bin nicht geschockt, ich bin nicht glücklich, es ist mir egal, dann aber wieder auch nicht, denn sonst wäre ich ja nicht draufgestiegen.

Das Essen klappt im Urlaub eigentlich ganz gut. Zum Frühstück esse ich immer sehr wenig und es macht mir ziemlich Stress, weil es so ein großes Angebot gibt und weil mir, wie gesagt, das Frühstück am schwersten fällt. Außerdem soll ich morgens immer Fresubin trinken, weil ich noch zunehmen soll, doch das schaffe ich nicht. Irgendwie versuche und schaffe ich es eigentlich auch immer, es nicht zu trinken. Am Anfang schon, da hab ich es mir hineingequält, doch mittlerweile schaffe ich das nicht mehr. Außerdem habe ich mir schon wieder angewöhnt, tagsüber nichts zu essen, weil ich weiß, dass es abends ein 5-Gänge-Menü gibt. Doch dieses Menü esse ich eigentlich immer auf. Gut, zwischendurch gebe ich etwas an meinen Bruder ab, wenn es für mich zu viel Fleisch ist oder so, doch sonst esse ich fast alles auf. Meistens sogar mit Nachtisch.

Wozu ich mich aber ziemlich zwingen muss, ist, Apfelschorle statt Cola light zu trinken. Allerdings habe ich zwischendurch sehr oft das Gefühl, zu dick zu sein. Und ich steige nun wieder jedes Mal, wenn ich zum Schwimmen gehe, auf die Waage. Doch ich habe nie Hunger. Dadurch, dass ich frühstücke und abends gut esse, habe ich auf keinen Fall so ein Hungergefühl wie vor der Klinik.

Heute merke ich aber, dass meine Oma ganz komisch ist, doch als ich sie abends frage, was mit ihr los sei, blockt sie ab und guckt aus dem Fenster. Aber ich lasse nicht locker, weil ich genau merke, dass es etwas mit mir zu tun hat.

»Oma, jetzt sag doch einfach, was los ist, und spiele nicht beleidigt, das ist doch auch doof. Also. Was hast du?«

»Ich merke einfach, dass du noch nicht gesund bist. Du bist immer noch magersüchtig.«

»Das ist doch klar, dass ich noch nicht gesund bin und ich mich kontrolliere, aber das ist doch ganz normal, dass das noch nicht ganz weg ist. Das ist aber auch bei ›geheilten‹ Magersüchtigen nicht sofort weg.«

»Rede doch nicht so was. Gib doch zu, dass du nicht zunehmen willst. Wir haben dir vorher klargemacht, dass, wenn wir dich aus der Klinik holen, du auf jeden Fall noch zunehmen musst, weil du dann immer noch Untergewicht hast: ABER DU WILLST NICHT ZUNEHMEN!«

Das macht mich sauer, weil sie auf einmal ganz anders ist als sonst. Sie ist richtig aggressiv und das macht mir fast Angst. Doch zugleich denke ich: Hat sie vielleicht sogar recht? Will ich überhaupt zunehmen? Wenn ich zunehmen wollen würde, warum frühstücke ich dann wenig und fühle mich dick? Doch diese Gedanken kann ich nicht preisgeben. Und schon gar nicht jetzt, also versuche ich, mich wieder herauszureden und sie einfach zu beruhigen.

»Das stimmt doch gar nicht, Oma, woher willst du das denn wissen? Nur weil ich deine doofen Spekulatius vorhin nicht essen wollte? Ich mag eben keine Spekulatius.«

»Spekulatius? Welchen Spekulatius? Nein, daran hab ich jetzt eigentlich gar nicht gedacht. Aber wenn du zunehmen wollen würdest, würdest du nicht jedes Mal diskutieren, wenn du das Fresubin trinken sollst. Warum trinkst du es nicht einfach?«

»Oma, weil ich Fresubin hasse. Es ist das zum Kotzendste, was es überhaupt gibt. Außerdem ist mir danach immer schlecht. Und statt Fresubin esse ich lieber etwas anderes, was mir schmeckt.«

»Das weiß ich auch. Das hast du ja nun schon oft genug erzählt. Das wäre ja auch gar kein Problem, wenn du es denn auch machen würdest. Selbst wenn Mama dir nur ein Stück Schokolade anbietet, gehen die Diskussionen schon wieder los, also erzähl mir nichts.«

»Jetzt hör doch mal auf, mich so fertigzumachen, das stimmt doch gar nicht, das kannst du doch gar nicht wissen.«

»Wenn es nicht stimmt und du zunehmen willst, dann trink doch jetzt ein Fresubin.«

»Nein, warum soll ich jetzt ein Fresubin trinken?«

»Wenn du zunehmen willst, dann kannst du doch jetzt auch so einen Drink nehmen, das sind nur 200 ml und wenn du denkst, dass du recht hast, müsstest du es ja jetzt schon alleine aus dem Grund trinken, um es mir zu beweisen.«

»Es geht doch hier nicht ums Beweisen.«

»Ach ja, worum denn dann?«, fragt sie.

Mittlerweile hab ich das Gefühl, dass das Gespräch eskaliert, weil meine Oma und ich immer lauter werden. Ich bin so wütend, dass ich schreie: »Mann, dann leck mich doch am Arsch, dann trink ich eben dein verficktes Fresubin, ey.«

Als ich es leer getrunken habe, vor lauter Wut in fast einem Zug, drehe ich mich in meinem Bett sofort herum, um zu schlafen. Ich will niemanden mehr sehen oder hören. Doch da merke ich, dass meine Oma sich zu mir ans Bett setzt und meint: »Es tut mir leid, aber ich mache mir einfach nur Sorgen um dich, Hanna, und du weißt nicht, wie froh du mich damit gemacht hast, dass du das Fresubin getrunken hast.«

Ich merke schon, dass es ihr wirklich leidtut. Mir tut es auch leid, dass ich sie so angeschnauzt habe, doch ich bin trotzdem noch zu sauer und zu frustriert, um ihr das zu sagen, also murre ich nur ein unfreundliches »Mhm« und versuche zu schlafen, auch wenn es mir sehr schwerfällt, weil ich einerseits tierische Bauchschmerzen habe und es mir andererseits unglaublich leidtut, wie ich mit meiner Oma umgegangen bin.

Der Rest des Urlaubes ist trotzdem sehr schön, auch wenn sich zwischendurch immer wieder die Sorgen meiner Familie bemerkbar machen.

Als es wieder nach Hause geht nach zwei Wochen, fängt für mich der Alltag in der Schule nicht sofort wieder an. Jetzt habe ich erst mal ein zweiwöchiges Praktikum in der Apotheke vor mir. Weil ich noch nie ein Praktikum gemacht habe, freue ich mich sehr darauf und bin ziemlich gespannt, was mich erwartet, doch nach und nach merke ich, dass ich wieder anfange, zu hungern und zu betrügen. Ich schmiere mir zwar immer Brote und nehme sie mit, aber ich schaffe es so gut wie nie, sie zu essen, allerhöchstens mal abzubeißen.

Auch als es am letzten Tag des Praktikums Kuchen gibt, schaffe ich es wie immer, drum herum zu kommen und nicht zu essen, indem ich das Stück Kuchen verschwinden lasse. Die Waage ist so oder so wieder zu meiner täglichen Gewohnheit geworden. Morgens, direkt nach dem Aufstehen, vor dem Toilettengang, nach dem Toilettengang, ohne Kleidung, mit Kleidung usw. und ich merke, wie mein Gewicht nach und nach wieder niedriger wird. Doch auch meine Mutter bemerkt das, weil sie sowieso jedes Gramm, das an mir fehlt, sieht.

Wieder gehen die Diskussionen ums Essen los, die Sorgen werden größer und größer, und das Gewicht niedriger und niedriger. Ich habe so ein furchtbar schlechtes Gewissen, weil meine Mutter mich aus der Klinik genommen hat und ich mit dem gleichen Scheiß wieder anfange. Doch ich denke mir immer: »Morgen fängst du wieder an, normal zu essen, Hanna. Du schaffst das schon, du bist schlank genug. Du musst doch jetzt nur dein Gewicht halten, das wird schon nicht so schwierig sein. AB MORGEN!«

Das Problem ist, dass ich mir diesen Satz jeden Tag sage, und es am nächsten Tag nicht mache, sondern es wieder auf den nächsten Tag verschiebe. Doch ich habe nicht nur ein schlechtes Gewissen, sondern auch panische Angst davor, dass ich wieder in die Klinik muss, weil das Thema seit Kurzem wieder auf dem Tisch ist. Doch jedes Mal, wenn meine Mutter wieder sagt: »Ich mach das nicht mehr mit, du kommst wieder in die Klinik«, denke ich, das macht sie sowieso nicht. Trotzdem sitzt sie immer öfter vor dem PC im Internet und sucht nach Kliniken für Essstörungen beziehungsweise Magersucht. Doch diesen Gedanken verdränge ich immer wieder, weil ich es mir einfach nicht vorstellen kann, noch mal in eine Klinik zu kommen. Dieser Gedanke ist so unvorstellbar für mich, obwohl er keineswegs abwegig ist. Er ist sogar mehr als real und trotzdem ist die Vorstellung ganz weit weg.

Die Abstände, zwischen denen das Thema Klinik aufkommt, werden immer kürzer, je mehr ich abnehme und je mehr meine Mutter merkt, dass mein Essverhalten sich nicht verändert hat.

»Hanna, ich gebe dir jetzt eine letzte Chance. Versuche, dich selbst zu kontrollieren. Nicht, indem du wenig isst, sondern, indem du dein Gewicht hältst. Nimm nicht weiter ab. Ich sag ja mittlerweile schon gar nicht mehr, dass du zunehmen sollst. Aber versuche wenigstens, dein Gewicht zu halten. Mehr verlange ich im Moment gar nicht. Ansonsten muss ich dich wieder in die Klinik bringen!«

»Ja, Mama, ich versuche es. Aber ich gehe nicht wieder in eine Klinik!«

Ich versuche es nicht. Vielleicht versuche ich es zwischendurch mal, indem ich ein halbes Stück Schokolade esse am Tag, doch dann habe ich bereits das Gefühl, dass das reicht und ich dadurch bestimmt wieder zunehmen werde. Doch wenn ich dann auf die Waage steige, steht wieder weniger da. Einerseits freue ich mich wieder darüber, wie ein kleines Mädchen über eine Barbie, andererseits könnte ich schreien vor Wut, dass ich es einfach nicht schaffe, normal zu essen wie jeder andere auch. Oder mich wenigstens so zu sehen, wie ich wirklich bin. Doch ich höre immer nur von morgens bis abends, wie dünn ich doch wieder bin, und ich selber kann nicht mal sagen: »Ja, stimmt, ihr habt recht«, weil ich es selber nicht so sehe.

Auch meine Mutter merkt ziemlich schnell, dass auch ihre Forderung, die letzte Chanche, meine böse Stimme oder den kleinen Teufel, der in meinem Kopf sitzt, nicht vergraulen konnte, und sagt plötzlich an einem Morgen zu mir: »Ich habe einen Termin in einer Klinik gemacht ...«

»NEIN, VERDAMMT, ICH GEHE NICHT WIEDER IN SO EINE SCHEISS KLAPSE«, schreie ich dazwischen und kann mich kaum halten vor Wut.

»Das ist keine scheiß Klapse, Hanna, und außerdem sagt auch keiner, dass du da sofort hin sollst, ich möchte wenigstens, dass wir ein Gespräch mit dem Arzt führen und wir uns die Station und das Krankenhaus einmal angucken. Vielleicht kommt es ja gar nicht infrage. Vielleicht gefällt es dir aber sogar ganz gut da. Es wurde mir nämlich sehr empfohlen, weil dort alle sehr nett sind und du ganz viel Betreuung und Therapien bekommst. Schau es dir wenigstens einmal an.«

»Pf, mir doch scheißegal, von mir aus gucke ich es mir an, aber das wird trotzdem nichts daran ändern, dass ich nicht in die Klinik gehe, das könnt ihr mal schön knicken.«

Am nächsten Tag sitzen Mama, Matthias und ich im Auto und haben kurze Zeit später den Termin bei dem leitenden Psychologen der psychosomatischen Abteilung.

Ich rede die Autofahrt über und während des Gesprächs so gut wie gar nicht, weil ich extrem bockig bin und nichts an mich heranlasse. Von mir aus kann der Psychologe erzählen, was er möchte, er wird meine Meinung zu einer Klinik so oder so nicht ändern können. Natürlich versucht er uns nahezulegen, in die Klinik zu kommen, und ich habe das Gefühl, dass er versucht, es uns schönzureden.

Klar sagt er auch, dass ich einen Essensplan bekomme, gewogen werde und pro Woche 700 g zunehmen muss, doch er meint auch, dass es ungefähr fünf Wochen dauern wird, bis ich nach Hause darf, und auch ganz viele Therapien bekomme, doch das kann er mir nicht erzählen. Mir ist nämlich sehr bewusst, dass ich auch nur nach Hause darf, wenn das Gewicht passt und ich auch nur Therapien bekomme, wenn das Gewicht passt. Und als er von fünf Wochen redet, muss ich mich zurückhalten, nicht laut loszulachen, denn das ist vollkommen aus der Luft gegriffen.

Nach dem Gespräch bringt er uns auf die Station, auf die ich kommen würde, damit ich Eindrücke sammeln kann, wie die Station und das Pflegepersonal und die Zimmer so sind.

Nun, so muss ich zugeben, bin ich positiv überrascht, mit der geschützten Station in der Psychiatrie ist das hier kaum zu vergleichen. Es ist hell, überall stehen Blumen, das Personal beziehungsweise die Pfleger sind sehr nett und auch die Zimmer sind hell und sehr gut ausgestattet. Wenn ich mich für die Klinik entscheiden würde, bekäme ich ein Einzelzimmer, sogar mit Fernseher und Kühlschrank. Die Küche ist für alle Patienten offen und man darf jederzeit in die Badewanne gehen oder duschen, weil zu jedem Zimmer ein eigenes Bad gehört, das man sich gegebenenfalls mit seinem Zimmernachbarn teilen müsste, was bei mir aufgrund des Einzelzimmers aber auch nicht der Fall wäre.

Alles wird als selbstverständlich dargestellt, doch ich bin ziemlich geplättet, da ich eher mit einer weiteren Psychiatrie gerechnet hab. Doch anderseits kann man da auch keine Vergleiche ziehen, finde ich, weil die Station eine offene Station ist, die man auch verlassen darf. In der Psychiatrie durfte man nicht in die Küche und nur ab und zu ins Bad und nicht nach draußen, einfach aus Sicherheitsgründen, weil auf einer gesicherten Station Patienten sind, die starke Kontrolle brauchen, weil sie viel gefährdeter sind.

Insgesamt liegt der große Unterschied aber nicht nur in der Ausstattung der Station und der Freundlichkeit der Pfleger, sondern bei den Patienten, weil die Patienten auf dieser Station alle freiwillig und aus eigenen Stücken da sind, doch sie sind auch fast alle älter als ich, weil das Krankenhaus eigentlich für Erwachsene ist. Wenn ich mich für die Klinik entscheiden würde, wäre ich wahrscheinlich auf der Station, wenn nicht sogar im ganzen Krankenhaus, die Jüngste. In der Psychiatrie war ich ungefähr im gleichen Alter mit den anderen, weil ich in der Kinder- und Jugendpsychiatrie war. Ob das ein Vorteil oder Nachteil ist, kann ich nicht sagen, vielleicht ist es auch ganz gut, das Küken zu sein, beziehungsweise sich mal mit Älteren zu unterhalten und anspruchsvolle Gespräche mit den anderen Patienten und Patientinnen führen zu können. Die Gespräche in der Psychiatrie mit den anderen waren nämlich immer recht oberflächlich.

Allerdings konnte man sich auch sehr gut austauschen, z.B. mit den Mädchen in meinem Alter, was mir auch oft das Gefühl zurückgab, eine ganz normale Jugendliche zu sein. Doch während ich so darüber nachdenke und die Schwester uns die restliche Station zeigt, verdränge ich diese Gedanken, denn: Ich gehe nicht noch einmal in eine Klinik. Das schaffe ich nicht.

Meine Mutter jedoch ist ganz Feuer und Flamme und versucht irgendwie die ganze Zeit, alles schönzureden und mich davon zu überzeugen, freiwillig in die Klinik zu gehen. Doch ich stelle auf Durchzug und tue so, als würde ich sie nicht hören, oder gebe nur mürrische Antworten wie: »Ja toll!«, »Schön für dich, dann kannst du ja hierhin gehen, wenn es so toll ist«, »Mir doch egal, können wir jetzt fahren?«

Bald möchte ich so schnell wie möglich nach Hause, denn für mich ist die Sache klar. Schöne Station, nettes Personal und so weiter und so fort, doch einen Aufenthalt hier oder in einer anderen Klinik: NEVER!

# 7. KAPITEL

# Zweiter Versuch

*März bis Juni 2009*

Die Besichtigung der Klinik ist nun fast zwei Wochen her und bei mir hat sich immer noch nichts geändert. Ich bin schon längst wieder bei 39 kg angelangt und das macht mich so wütend, weil ich mir jeden Tag aufs Neue vornehme, endlich zu versuchen, das Gewicht zu halten und wenigstens so viel zu essen, dass es nicht weiter sinkt, und trotzdem liege ich jede Nacht im Bett und hoffe, dass am nächsten Morgen wieder weniger auf der Waage steht, weil ich mich dann jedes Mal so supergut fühle.

Ich bin so krank im Kopf. Ich komme mir schon fast schizophren vor. Eine Hanna mit zwei Persönlichkeiten.

Ich stelle mich auf die Waage. Wird weniger angezeigt:
- Ich fühle mich im ersten Moment wie unter Stoff.
- Ich bin stolz auf mich.
- Ich fühle mich leistungsfähig.

Doch im nächsten Moment denke ich:
- Oh nein, du hast schon wieder abgenommen.
- Weil du abgenommen hast, kannst du dir ja jetzt ordentlich etwas erlauben.
- Morgen darf nicht weniger angezeigt werden auf der Waage, das muss jetzt so bleiben.

Wird allerdings dann mehr angezeigt, oder nur genauso viel am nächsten Tag:
- Ich versuche, mich zu beruhigen und nicht anzufangen zu heulen.
- Ich versuche, mich dahingehend zu loben, dass ich nicht abgenommen habe.
- Ich versuche, es als »Schritt zur Gesundheit« zu sehen.

Doch im nächsten Moment denke ich:
- Ich bin ein Schwächling.
- Ich bin dick und undiszipliniert.

- Ich esse noch weniger, damit am nächsten Tag doch wieder ein niedrigeres Gewicht angezeigt wird.

Während ich so über meine zwei Seiten nachdenke, habe ich das Gefühl, ich bin verrückt. Wie soll man das jemandem erklären. Jeder normale Mensch würde sagen: »Mädel, wenn du doch selber merkst, dass du so denkst, und auch merkst, dass das immer so weitergehen wird, weil du es gar nicht aushalten kannst zuzunehmen, musst du doch auch merken, dass dir nur noch die Klinik helfen kann oder ein Wunder, damit es endlich Klick macht in deinem Kopf.«

Genau so denke ich auch oft, doch ich werde niemals freiwillig in die Klinik gehen. Das Problem ist nur, dass, je dünner man wird, die kranke Hälfte umso stärker wird.

Seit einigen Tagen ist die Klinik »Nonstop-Thema« zu Hause. Meine Mutter meint, sie hätte mir jetzt so viele Chancen gegeben, und sie würde nicht zusehen, wie ich immer weiter abnehme. Gestern war es dann so weit: »Ich habe in der Klinik angerufen. Wir können dich übermorgen hinbringen.«

Darauf antworte ich allerdings nur mit: »Nö, ich gehe da nicht hin.«

Und mit diesem Bewusstsein, nicht in die Klinik zu gehen, gehe ich in die Schule. Doch nach und nach wird mir klar, dass meine Mutter es ernst meint, und sofort bekomme ich Panik. Ich esse und esse und esse, bis mir schlecht wird, weil ich denke, dass ich damit noch irgendetwas ändern kann. Ich gehe sogar in die Cafeteria und kaufe mir ein Teilchen, das ich total gerne mag und mir immer verboten habe. Ich kaufe es mir, obwohl ich nicht mal Lust darauf habe, doch die Angst treibt es mir rein.

Am Nachmittag zu Hause esse ich so viel zu Mittag, dass ich das Gefühl habe, dass jeden Moment alles wieder herauskommt. Doch meine Mutter meint nur: »Hanna, ich sehe ja, dass du dir Mühe gibst, aber das hält jetzt vielleicht zwei Tage und dann geht es wieder von vorne los. Du musst in die Klinik. Da gibt es kein Drumherum mehr.«

Ich könnte heulen. Heulen, schreien, fluchen. Doch das würde rein gar nichts bringen. Also versuche ich es mit Sturheit und hoffe, dass es funktioniert. Ich sage mir die ganze Zeit: »Hanna, du gehst nicht in die Klinik. Hanna, du gehst nicht in die Klinik. Hanna, du gehst nicht in die Klinik. Hanna, du gehst nicht in die Klinik.«

Als ich jedoch am nächsten Morgen geweckt werde und Mama meint, dass wir gleich los müssten und ich noch ein paar Sachen einpacken soll, schwindet auch die letzte Hoffnung und ich bin schon wieder an dem Punkt angelangt, dass ich denke, ich muss sterben vor Unglück. Um die Zeit in der Klinik wenigstens mental verkürzen zu können, versuche ich, so viel zu essen, wie ich kann, damit ich schnell zunehme und ganz, ganz schnell wieder zu Hause bin. Ich habe mich schon lange nicht mehr so mies gefühlt und wieder kommt mir alles nur so vor wie in einem schrecklichen Albtraum.

Die Autofahrt zur Klinik läuft so ab, dass ich die ganze Zeit weine, stur aus dem Fenster gucke und heimlich alte gammelige Bonbons futtere, die ich mir in meiner Handtasche zusammensuche. Ich bin gar nicht mehr Herr meiner Selbst und verfluche mich dafür, was ich bin und wie ich seit eineinhalb Jahren handele.

Am liebsten würde ich mir selbst gegenüberstehen und mich anschreien: »Warum hast du nicht einfach normal gegessen!!! Du hättest nicht mal zunehmen müssen! Du blöde, dumme Kuh!!! Du hättest dein verdammtes Gewicht, das nicht mal Gewicht, sondern sogar Untergewicht ist, halten müssen!!! Was ist denn daran so schwer, du verdammt dämliche Kuh!!!«

Doch auch das hilft jetzt nicht mehr. Ich bin das zweite Mal in einer Klinik. Und ich kann nichts daran ändern. Ich bin 17 Jahre alt und meine Eltern haben das Recht, über mich zu entscheiden. Meine kranke Seite denkt: »Scheiße, wärst du mal 18.«

Meine gesunde Seite jedoch sagt: »Hanna, vielleicht rettet dir das sogar dein Leben, dass deine Eltern jetzt für dich entscheiden.«

Natürlich werde ich auch in dieser Klinik gewogen. 40,8 kg. Ich hab mir in den paar Tagen zu Hause also fast 2 kg angefressen.

Wenn mir das vor ein paar Tagen jemand erzählt hätte, hätte ich, glaube ich, einen Lachkrampf bekommen und ihm einen Vogel gezeigt.

Gleich am ersten Tag mache ich einen Vertrag mit meiner Therapeutin, der besagt, dass ich 700 g in der Woche zunehmen muss und wie folgt aussieht: Wenn man das Ziel erreicht, wird einem immer mehr erlaubt und man darf am Wochenende nach Hause. Für das Wochenende wird wiederum ein anderer Vertrag aufgesetzt, der besagt, dass man das Gewicht mindestens halten muss, denn wenn man wieder abgenommen hat zu Hause, muss man in der darauf folgenden Woche alles wieder aufholen inklusive der 700 g, die man so oder so zunehmen muss.

Es gibt verschiedene Maßnahmen, um die Patientin im Zunehmen zu »unterstützen«, wie es hier genannt wird. Das hört sich immer so nett an und so hilfreich, doch eigentlich ist es ja so, dass der Patient gar keine Unterstützung will und nur versucht, gegen die Zunahme zu arbeiten, indem er schummelt, Essen verschwinden lässt, sich erbricht, Abführmittel nimmt oder heimlich Sport macht auf dem Zimmer.

Wenn man nicht zunimmt, wird der Essensplan aufgestockt, es gibt Zusatznahrung, also Fresubin und die allerletzte Konsequenz wäre eine Magensonde. Die Magensonde ist das, was mich am meisten abschreckt. Also versuche ich auch in dieser Klinik, von Anfang an mitzuarbeiten, und ich esse so gut, dass ich gleich bei den anderen Patienten und Patientinnen im Speisesaal mitessen darf und nicht eins zu eins von einem Pfleger betreut werde.

Allerdings muss ich jedes Mal meinen Teller vorzeigen, um nachzuweisen, dass ich auch wirklich eine ganze Portion genommen habe. Und wieder ist es so, dass ich sogar eher zu viel esse, bis mir schlecht wird, weil ich einfach nur nach Hause will. Ich möchte mich sozusagen »nach Hause fressen«.

Als ich dann am ersten Freitag gewogen werde, an dem ich die besagten 700 g zugenommen haben sollte, ist mein Wunsch, am Wochenende nach Hause zu können, so groß, dass ich vor dem Wiegen sogar noch Wasser trinke. Als ich jedoch dann auf die Waage steige, kommt der Schock, denn das Wasser hätte ich mir auch sparen können.

42 kg. Am liebsten würde ich in Ohnmacht fallen. Doch weil ich weiß, dass das meiste davon nur Wasser ist, ist es nicht ganz so schlimm. Und das Beste ist: Ich darf nach Hause. Ich freue mich total darüber. Allerdings geht mir diese Zahl nicht mehr aus dem Kopf, sodass ich, als ich abgeholt werde von meiner Mutter, extrem schlechte Laune habe und nicht weiß, was ich am Wochenende machen soll. Gewicht halten? Gewicht zunehmen? Gewicht abnehmen? Ich weiß es nicht. Doch egal, wie viel davon Wasser ist, die Zahl kommt mir so hoch vor, dass ich mich fürs Abnehmen entscheide. Eigentlich entscheide ich mich nicht direkt dafür, abzunehmen, doch mir ist bereits jetzt klar, dass mir das Essen schwerfallen wird.

Als meine Oma mich am Sonntag zurück in die Klinik bringt, ist es wie der Gang nach Canossa. Ich würde am liebsten zu Hause bleiben und als sie wieder fährt, geht es mir richtig beschissen. Außerdem habe ich mal wieder Angst vor dem nächsten Tag, denn ich habe das dumme Gefühl, dass die Anzeige auf der Waage am nächsten Morgen zumindest für die Ärzte nicht zufriedenstellend sein wird. Und so ist es auch. Ich bin fast wieder am Anfangsgewicht, als ich in die Klinik kam, angelangt, und mir graut es vor dem Montag, der am nächsten Morgen ist. Denn das Schlimmste ist montags: die große Visite.

Da werden die Patienten nach und nach aufgerufen und müssen ins Klinikwohnzimmer kommen, sich auf das freie Sofa setzen und um einen herum sitzen zehn Personen.

20 Augen, die einen anstarren. Die Augen des Chefarztes, des leitenden Psychologen, der drei Therapeuten, der Sozialarbeiterin,

der Ergotherapeutin, des Pflegers, beziehungsweise der Pflegerin und die der Praktikanten. Als ich an der Reihe bin, fragt mich der Psychologe, wie es mir geht, und es wird die kommende Woche besprochen. Die Visite an sich ist schon der Horror, doch wenn man in diesen Raum geht und die Ärzte und man selber weiß, dass man abgenommen hat über das Wochenende, ist es das Schrecklichste, was man sich vorstellen kann.

Denn besagter Psychologe sitzt vor mir und fragt: »Was war los, Frau Blumroth? Haben ja alles wieder abgenommen.«

Ich kann ihn kaum angucken, zucke mit den Schultern und sage nur: »Keine Ahnung, hat halt nicht geklappt.«

»Ja, dann gibt es jetzt Fresubin«, sagt er, grinst mich dabei so kackfrech an und fragt so in die Runde: »Mhm, drei oder vier Mal am Tag?« Ich kann es kaum fassen. Drei oder vier Mal am Tag? Will der mich denn verarschen? Das schaffe ich doch nie im Leben, zusätzlich noch zu meinem riesigen Essensplan. Ich bin so geschockt, dass ich kaum sprechen kann, und sage mit zittriger Stimme: »Doch nicht so oft. Bitte, ich möchte kein Fresubin.«

Zu allem Überfluss fange ich jetzt auch noch vor allen an zu heulen. Und wieder grinst er mich an und erklärt: »Ja, Sie können natürlich auch eine Sonde bekommen, wenn Sie das lieber wollen. Es muss ja jetzt langsam mal was passieren. Alleine vom Wassertrinken nimmt man nicht zu.«

Als er das sagt, werde ich sauer, denn lustig finde ich das ganz und gar nicht: »Sehr witzig, das hätte ich jetzt gar nicht gedacht, danke für Ihre Hilfe.«

»Also drei Mal Fresubin am Tag und Aufstockung des Essensplans. Frau Blumroth, schönen Tag noch und viel Erfolg.«

»Jo, danke«, sage ich, gehe raus und laufe heulend an allen Patienten und Patientinnen vorbei in mein Zimmer.

Meine Fresse, ey, kotzt mich alles an!

Und so trinke ich drei Mal am Tag zusätzlich zum Essensplan Fresubin. Ich weiß nicht, wie ich das Gefühl beschreiben soll, aber man muss sich das einfach so vorstellen: Zum Ersten hat dieses Zeug, je nachdem, welche Sorte man trinkt (Erdbeere, Waldfrucht, Karamell, Vanille, Schokolade, Cappuccino, Pfirsich usw.), zwischen 200 und 300 Kalorien. Das heißt, ich nehme allein nur durch ein Getränk, welches ich zum Kotzen finde, weil es einfach nicht schmeckt, zwischen 600 und 900 Kalorien zu mir. Da sagt mir meine kranke Seite, wie heftig das ist, so viele Kalorien zu sich zu nehmen mit etwas, was man nur trinkt. Außerdem denke ich den ganzen Tag, wie viele geile Dinge ich stattdessen essen könnte, die mir so gut schmecken und auf die ich all die Monate verzichtet habe. Darüber denke ich eigentlich die ganze Zeit nach: Hanna, du trinkst gerade 300 Kalorien. Überlege mal, was du stattdessen alles essen könntest. Kuchen, Eis, Schokolade, Pizza, Pommes, Hamburger … All diese Dinge, die ich seit Monaten nicht gegessen habe, weil ich sie mir verboten habe und regelrechte Panik davor hatte. Und jetzt? Jetzt werden meinem Körper Kalorien durch so etwas Abscheuliches zugeführt und ich kann nichts dagegen tun.

Ich habe ein schlechtes Gewissen und habe dabei nicht mal einen schönen Geschmack im Mund. Doch das ist gar nicht mal das Schlimmste. Das Schlimme ist das körperliche Gefühl. Zu Hause habe ich fast gar nichts mehr gegessen und jetzt bekomme ich sechs Mahlzeiten, plus drei Mal am Tag Fresubin. ICH BIN VOLL. Und selbst das ist untertrieben. Ich habe das Gefühl, dass mir das Essen und das Fresubin im wahrsten Sinne des Wortes zum Hals heraushängen. Ich bin so was von satt. Satter geht es gar nicht. Und das meistens schon nach dem ersten Fresubin morgens um zehn Uhr. Und obwohl sich der Bauch anfühlt, als würde er gleich platzen, kommt dann schon wieder das Mittagessen. Ich habe unerträgliche Bauchschmerzen und mir ist so übel, dass ich ganz oft das Gefühl habe, ich müsste mich übergeben. Aber das ist auch verständlich.

Monatelang war mein Magen nicht voll. Wahrscheinlich wurden die Magenwände nicht mal gestreift vom Essen und jetzt ist er bereits nach dem Frühstück gefüllt. Sozusagen von null auf hundert.

Manchmal geht es mir körperlich vom Magen her so schlecht, dass ich denke, ich muss sterben. Jedes Mal, wenn ich kurz vorm Übergeben stehe, kommt schon was Neues oben drauf. Wenn ich dann von jemandem höre: »Du musst doch nur essen«, könnte ich zum Mörder werden.

Das Fresubin darf ich mittlerweile ersetzen durch andere Dinge wie zum Beispiel durch einen Schokoriegel, Kekse oder sonst etwas, worauf ich Lust habe, solange es genauso viele Kalorien hat wie ein Fresubin. Um das Fresubin zu ersetzen durch Süßigkeiten oder auch Joghurts und Desserts aus dem Kühlregal, fahre ich zum Supermarkt, um mir ganz viele Sachen auszusuchen, die mir schmecken.

Dieser Tag ist teilweise genial, teilweise aber auch extrem anstrengend. Wenn ich sonst im Supermarkt war, hab ich auf alle Lebensmittel geguckt, um herauszufinden, welche am wenigstens Kalorien haben. Jetzt schaue ich durch die Reihen und rechne und rechne, wie viel ich wovon essen muss oder kann, damit es ein Fresubin ersetzt, und bin erstaunt, wie viele Joghurts es gibt, die 200 Kalorien haben.

Wenn mir jemand vor einiger Zeit gesagt hätte, ich müsste einen Joghurt mit 200 Kalorien essen, wäre ich in schallendes Gelächter ausgebrochen.

Okay, vielleicht nicht vor der Person, aber innerlich bestimmt. Und ich hätte mir gedacht, dass dieser Joghurt alleine so viele Kalorien besitzt, die ich sonst nicht mal an einem ganzen Tag zu mir genommen habe.

Als ich mich jetzt so durch die Regale schlendern sehe, denke ich, ich bin im falschen Film. Ich SUCHE nach Joghurts mit viel Kalorien und das nicht mal, weil ich Appetit darauf habe, sondern weil ich es muss, und trotzdem macht es mir unglaublich viel Spaß. Einkaufen zu gehen, ohne darauf zu achten, dass in den ausgesuchten Dingen SO WENIG WIE MÖGLICH Kalorien enthalten sind. Und eh ich mich versehe, komme ich mir vor wie im Paradies. Und trotzdem bin ich komplett überfordert, weil ich vor dem Schokoladenregal stehe und mich einfach nicht entscheiden kann. Sonst war es mir egal, auf was ich gerade Lust hatte. Am Schokoladenregal bin ich so oder so schon einfach vorbeigegangen, weil es gar nicht infrage gekommen ist.

Und heute hab ich die Auswahl. Das überfordert mich so sehr, dass ich über eine Stunde lang nur in der Süßwarenabteilung verbringe, weil ich mich einfach nicht entscheiden kann.

Ich gucke und gucke und weiß einfach nicht, was ich nehmen soll. Manchmal strecke ich dann die Hand aus und nehme mir etwas, bin heilfroh, dass ich mir was ausgesucht habe, und gehe kurze Zeit später wieder zurück, lege es zurück ins Regal, weil ich denke, dass ich vielleicht doch noch etwas finde, was noch leckerer ist oder worauf ich noch mehr Appetit haben könnte. Letztendlich verbringe ich über zwei Stunden in dem Laden, für fünf Joghurts, eine Packung Kekse und eine Packung Müsli, und bei den Keksen habe ich bereits ausgerechnet, wie viele ich essen muss, um das Fresubin ersetzen zu können. Dieser Einkauf von sieben Dingen hat mich so viel Energie und Zeit gekostet wie ein Großeinkauf für eine ganze Fußballmannschaft. Und trotzdem war es seit Langem das Herrlichste, was ich gemacht habe. Mir etwas zu essen zu kaufen, WEIL ICH ES MAG und nicht WEIL ES WENIG KALORIEN HAT, auch wenn ich die ganze Zeit von allen Leuten angegafft wurde, weil ich ständig von Regal zu Regal gelaufen bin, etwas herausgenommen habe, es mir fünf Minuten angeguckt habe und es entweder direkt zurückstellte oder erst ein paar Schritte damit ging, um mich dann zu entscheiden, es doch zurückzustellen und lieber noch ein bisschen weiter zu gucken. Bestimmt wurde ich am Anfang für eine Ladendiebin gehalten, weil ich mich ständig umgeschaut habe, ob ich eventuell auffalle mit meiner »Kalorienkunde«.

Doch nach einiger Zeit war es mir egal. Ich brauche eben Zeit.

Die Therapie geht mittlerweile eigentlich ganz gut voran.

Mit meiner Therapeutin verstehe ich mich sowieso richtig gut und das ist schon die halbe Miete. Außerdem darf ich fast jedes

Wochenende nach Hause. WENN ich 700 g zugenommen habe. Doch es kommt ganz oft vor, dass ich vor dem Wiegen Wasser trinke, damit ich schwerer bin, weil ich unbedingt nach Hause will. So wie dieses Wochenende. Als ich heute Morgen auf der Waage stehe, zeigt sie 42,9 kg an, aber ich habe vorher etwas getrunken.

Da ich das ausgemachte Gewicht für diese Woche erreicht habe, darf ich also nach Hause.

Meine Mutter holt mich am nächsten Samstag ab und wir fahren zum Golfplatz, um mal wieder ein bisschen Golf zu spielen. Zum Golfspielen habe ich fast immer meine weiße, 7/8-Röhrenhose in Größe 25 an. Früher auch immer, weil es die einzige Hose war, die auch in meiner dünnsten Zeit noch einigermaßen gepasst hat. Sie hat zwar auch geschlabbert, aber da sie aus Stretch ist, saß sie trotzdem immer noch enger als eine normale Jeans. Jetzt allerdings habe ich einige Kilos zugenommen und habe heute seit Längerem wieder diese weiße Hose an.

Ich fühle mich wie eine Presswurst. Ich treffe keinen einzigen Ball ordentlich, weil in meinem Kopf nur herumkreist, dass diese weiße Hose so eng ist. Natürlich merkt meine Mutter sofort wieder, dass irgendetwas mit mir nicht stimmt, und fragt, was mit mir los sei.

Zuerst pflaume ich sie an, dass nichts sei, doch dann fange ich mal wieder an zu weinen und meine: »Die Hose sitzt auf einmal so eng. Das ist so komisch, ich glaube, so eng saß sie noch nie. Ich glaube, ich halt das nicht aus.«

Da nimmt sie mich in den Arm und erklärt mir, dass die Hose für mich zwar eng sitzt, aber es immer noch eine Kinderhose ist und ich trotzdem noch viel zu dünn sei. Ich müsse anfangen, mir andere Maßstäbe zu setzen, was Kleidung und Größen anginge.

»Hanna, du bist eine junge Frau und kein kleines Mädchen, das Kindergrößen braucht. Aber ich glaub dir, dass das unglaublich schwer für dich ist.«

Ja, es ist unglaublich schwer. Am liebsten würde ich mich jetzt in mein Zimmer einschließen und erst mal nichts essen. Doch die

Klinik sitzt mir im Nacken und ich weiß, dass ich die Flüssigkeit, die ich vor dem Wiegen getrunken habe, gewichtsmäßig wieder aufholen muss.

Sonst wird die kommende Klinikwoche noch schrecklicher.

Über das Wochenende schaffe ich es aber meistens, das Getrunkene wieder aufzuholen, sodass ich jetzt ca. 45 kg wiege, nach ungefähr zwei Monaten. Mein Zielgewicht beziehungsweise Normalgewicht, welches nach dem BMI berechnet wurde, liegt bei 48 kg. Dass ich 45 kg wiege und wahrscheinlich noch bis zu 48 kg muss, erschreckt mich, denn vor einigen Monaten habe ich mir eigentlich vorgenommen, immer im 30er-Bereich zu bleiben mit meinem Gewicht, und jetzt wiege ich bereits 45 kg. Ich kann allerdings nicht sagen, ob es mich erschreckt, weil mir die Zahl so hoch vorkommt, oder ob es einfach nur eine Gewohnheitssache ist, weil sonst immer etwas Niedrigeres auf der Waage angezeigt wurde.

Auf jeden Fall denke ich mit jedem Gramm, das ich zugenommen habe: Das ist ein weiterer Schritt nach Hause!

Die ganzen Wochen, die ich hier bin, darf ich keinen Sport machen und soll mich so wenig wie möglich bewegen. Als ich dann 46 kg wiege, meint meine Therapeutin zu mir: »Wenn Sie die nächsten 700 g zugenommen haben, dürfen Sie ganz langsam anfangen, wieder etwas Sport zu machen, sozusagen als Übung, ob Sie es schaffen, trotz Sports Ihr Essverhalten so abzustimmen, dass Sie auf keinen Fall abnehmen. Denn wenn Sie wieder zu Hause sind, werden Sie sich auf jeden Fall mehr bewegen als hier, das heißt, Sie müssen lernen, dass Sie, wenn Sie mehr verbrauchen, auch mehr zusetzen müssen.«

»Ja, ich möchte, wenn ich entlassen bin, auf jeden Fall wieder mit Sport anfangen.«

»Das meine ich nicht. Sie sollten eigentlich die nächsten zwei Jahre keinen Sport machen, denn durch Sport kann die Krankheit sofort wieder ausbrechen und in dem Kreislauf aus Sport und Abnehmen sind Sie dann ganz schnell wieder drin. Deswegen dürfen

Sie auch hier keinen Sport machen. Das mit meinem Angebot ist eine Aufgabe an Sie beziehungsweise ein Test, wie sich mehr Bewegung in Ihrem Verhalten und Ihrem Gewicht äußert.«

»Ich soll die nächsten zwei Jahre keinen Sport machen? Das können Sie doch nicht von mir verlangen? Ich mache bereits mein ganzes Leben lang Sport. Sport ist eines meiner größten Hobbys. Darauf kann ich doch nicht zwei Jahre lang verzichten«, jammere ich, denn ich kann es kaum fassen.

»Zwingen kann Sie auch keiner, aber ich appelliere da an Ihren Verstand, denn Ihr Essverhalten wird zu Hause wieder auf eine harte Probe gestellt und Sie werden wahrscheinlich zu Hause wieder etwas abnehmen, weil Sie auf sich alleine gestellt sind und das Essen alleine erst wieder lernen müssen. Deswegen entlassen wir Sie auch nicht mit 46 kg, sondern mit mehr, weil zu Hause davon sofort wieder etwas runtergeht. Und wenn Sie dann zusätzlich noch Sport machen, sind Sie sofort wieder im Bereich des Untergewichts angelangt.«

Ich höre ihr gespannt zu und ich kann auch nachvollziehen, was sie sagt, doch darauf einlassen kann ich mich nicht. Ich habe nämlich schon die ganze Zeit überlegt, mit welcher Sportart ich wohl wieder anfangen könnte. Und zwei Jahre lang keinen Sport zu machen wäre, als würde ich zu einem Pinguin sagen, er dürfte nur noch an Land bleiben. Komischer Vergleich, aber ungefähr so ist es. Als das Gespräch vorbei ist, rufe ich die ganze Zeit herum: »Noch 700 g, dann darf ich Sport machen. La, la, la, la … Noch 700 g, dann darf ich wieder Sport machen. La, la, la …«

Eine Woche darauf stehe ich auf der Waage: 46,8 kg.

Den Gedanken an diese riesige Zahl versuche ich zu verdrängen und denke nur: Jetzt darfst du dich wieder ein bisschen sportlich betätigen.

Im Einzelgespräch mit meiner Therapeutin am gleichen Tag bin ich so glücklich, dass ich es kaum beschreiben kann. Dagegen war die Nachricht, dass ich mich wieder mehr bewegen darf, ein Klacks. Denn heute geht es um das Thema Entlassung!!!

Ich kann es kaum glauben, denn dieses Wort war für mich so unmöglich und unerreichbar wie für andere der Mond.

»Frau Blumroth, Sie wiegen jetzt 46,8 kg und sind im normalgewichtigen Bereich, was so viel heißt, dass wir langsam über Ihre Entlassung reden können. Ich habe bereits mit den Ärzten darüber gesprochen und wir haben uns auf den 21. Juni geeinigt. Das wäre ungefähr in drei Wochen. Was halten Sie davon?«

»Was ich davon halte? Ich habe das Thema extra nicht angesprochen, weil es mir so unwirklich vorkam, einfach, weil es das Tollste ist, was ich mir vorstellen kann, und dass Sie das jetzt ansprechen, kann ich kaum glauben. Ich halte es für super. Muss ich denn noch zunehmen?«, frage ich, weil ich eigentlich dachte, dass das Thema Entlassung erst bei mindestens 47 kg auf den Tisch kommt.

»Es empfiehlt sich, noch zuzunehmen«, erklärt sie und fährt fort, »denn wir werden mit Ihnen einen Vertrag schließen mit einem Gewichtskorridor. Dieser Korridor geht von 46 kg bis 50 kg. Haben Sie sich schon mit einem Arzt in der Nähe in Verbindung gesetzt, der Sie wiegen wird einmal in der Woche?«

»Ja, meine Mutter hat bereits einen Arzt angerufen, zu dem wir auch manchmal zum Impfen gegangen sind, also den kenne ich auch schon ein bisschen. Nach der Entlassung macht meine Mutter dann einen Termin bei ihm.«

»Gut«, entgegnet sie, »der Vertrag besagt dann, dass Sie einmal pro Woche zum Wiegen müssen. Sollten Sie den Korridor unterschreiten, haben Sie Zeit bis zum nächsten Wiegetermin, das verlorene Gewicht wieder zuzunehmen. Sollte das nicht der Fall sein, wird die Wiederaufnahme hier in die Klinik wieder eingeleitet. Allerdings müssen Sie sich so an den Vertrag halten, dass Sie die Klinik auch davon unterrichten, wenn Sie unter dem Gewichtskorridor liegen, meinen Sie, das würden Sie schaffen?«

Darüber denke ich schon die ganze Zeit nach. Würde ich das wirklich machen? Würde ich in der Klinik anrufen und sagen, dass ich abgenommen habe?

»Das ist eine gute Frage. Ich weiß es nicht. Ich kann es Ihnen wirklich nicht sagen.«

»Dann machen wir es so, dass entweder Sie hier wieder anrufen, oder, wenn der Arzt merkt, dass nichts passiert, er sich mit der Klinik in Verbindung setzt. Das ist sicherer.«

Anschließend schreibt sie den Vertrag mit den verschiedenen Verpflichtungen und Aufgaben für zu Hause und unterschreibt ihn. Ich sitze dabei und darf genau verfolgen, was sie schreibt, sodass ich den Vertrag nicht noch einmal durchlesen muss, und unterschreibe ihn auch. Als ich kurze Zeit später wieder auf meinem Zimmer bin, kann ich es kaum fassen.

Noch drei Wochen. Dann bin ich endlich wieder in meinem Leben zurück.

Da ich 46,8 kg wiege, finde ich, dass das reicht. Es müssen nicht unbedingt 48 kg sein. Das ist sowieso zu viel, denn ich bin ja von Natur aus auch ein schlanker Mensch und 48 kg finde ich für meine Größe sowieso zu viel.

Also werde ich jetzt das Gewicht halten. Solange ich im Korridor bleibe, ist doch alles in Ordnung und zur Not kann ich auch Wasser trinken, es sind ja nur noch drei Wochen. Meinen Essensplan halte ich grob ein, weil ich ja jetzt nicht mehr unbedingt zunehmen muss.

Seit ungefähr zwei Wochen habe ich jetzt auch Spiegelkonfrontation als Therapie, in der ich mich im Bikini vor den Spiegel stellen muss und mich vom Haaransatz bis zu den Füßen beschreiben muss. Allerdings darf in meine Beschreibung keinerlei Wertung eingehen. Ich darf zum Beispiel nicht sagen, dass meine Haare zu dünn und meine Hüften zu breit sind, sondern: Meine Haare sind sehr dünn und meine Hüfte ist sehr breit. Das zeigt einerseits meiner Therapeutin, ob und wie stark meine Wahrnehmung gestört ist, und ich soll mich daran gewöhnen, mich selber nicht schlechtzureden. Denn Magersüchtige haben generell etwas an sich auszusetzen und würden immer irgendetwas Schlechtes sehen und sofort sagen: »Mein Bauch ist zu dick.«

Bei der Spiegelkonfrontation soll ich aber absichtlich nur beschreiben, was ich sehe, und nicht, wie ich das finde. Das hört sich jetzt vielleicht ganz leicht an, aber nach der ersten Spiegelkonfrontation komme ich mir vor wie nach einem Marathon, denn sie ist kurz nach dem Essen, was heißt, dass mein Bauch voll ist und ich mich deswegen sehr unwohl fühle. Sich als Magersüchtige nach dem Essen fast nackt vor einen Spiegel stellen zu müssen ist im wahrsten Sinne des Wortes eine Konfrontation. Vor der ersten Konfrontation soll ich meinen einzelnen Körperteilen Punkte geben, je nach Unzufriedenheitsgrad. Bei mir sind es besonders der Bauch, dann die Oberschenkel, die Hüfte und der Po, mit denen ich unzufrieden bin.

Doch auch den Hals- und Schulterbereich betrachte ich immer kritisch, weil ich es als schön empfinde, an dieser Stelle die Knochen zu sehen, was für andere mehr als hässlich ist.

Als es dann darum geht, diese Stellen zu beschreiben, muss ich mich ganz oft wiederholen, weil ich mich dabei erwische, wie ich sofort Kritik ausüben will, weil ich beispielsweise sage, dass mein Bauch zu dick ist. Dann fange ich mir einen scharfen Blick meiner Therapeutin ein und muss mich verbessern: »Mein Bauch ist jetzt nach dem Mittagessen sehr dick.« Und so geht es weiter. Bei den Haaren angefangen, über Gesicht, Arme, Brust, Hände, Bauch, Hüften, Po, Oberschenkel und Unterschenkel bis hin zu den Füßen. Als ich fertig bin, nachdem ich gerade gesagt habe, dass meine Füße sehr adrig aussehen, meint meine Therapeutin zu mir: »Durch diese Konfrontation konnte man sehr gut feststellen, dass Ihre Wahrnehmung schon sehr gestört ist. Sie beschreiben sich anders, als ich Sie zum Beispiel sehe, weil Sie einfach viel kritischer und uneinsichtiger mit Ihrem eigenen Körper umgehen und obwohl er perfekt ist, Sie nicht zufrieden sein können.«

Dieser Satz macht mich traurig, denn ich arbeite immer so hart an mir, verzichte ständig auf viele Dinge, vor allem, was das Essen angeht, und sogar meine eigene Therapeutin sagt mir, ich hätte einen perfekten Körper. Ich aber arbeite und arbeite daran, endlich den perfekten Körper zu erreichen, weil ich es einfach nicht so sehe, obwohl mir ständig gesagt wird, dass ich ihn schon habe beziehungsweise schon hatte, bevor ich krank geworden bin.

Als ich heute Morgen wieder auf die Waage steigen muss, zeigt sie nicht wie sonst genauso viel und mehr an, sondern weniger.

46,2 kg.

Woran das wohl liegt? Ich weiß, woran es liegt. Seit ich weiß, dass ich bald entlassen werde, halte ich meinen Essensplan nicht mehr ganz genau ein und sonst hab ich auch immer zwischendurch etwas Süßes gegessen, damit ich zunehme und nach Hause kann am Wochenende. Das mache ich jetzt nicht mehr, weil ich ja nicht mehr zunehmen muss. Also ist es völlig normal, dass ich etwas abgenommen habe. Das Gewicht muss sich ja jetzt erst mal ganz ruhig einpendeln.

Doch ich versuche, genau herauszufinden, was ich jetzt fühle nach dem Gang auf die Waage, und ich bemerke meine kranke Seite wieder. Bin ich erschrocken? Bin ich überrascht? Bin ich glücklich darüber, oder sehe ich es als Rückschritt? Also erschrocken bin ich auf gar keinen Fall, ich bin eher glücklich darüber, dass ich etwas abgenommen habe, denn immerhin hab ich ja keine Süßigkeiten mehr gegessen und dann wäre ich eher überrascht und enttäuscht gewesen, wenn nichts passiert wäre mit meinem Gewicht.

Und eigentlich habe ich ja sogar selber dafür gesorgt, dass ich wieder abnehme, weil ich zwar auch zwischendurch wieder Hunger hatte und trotzdem nicht etwas gegessen habe, einfach, weil ich dachte, Zusätzliches muss jetzt nicht mehr sein. Aber selbst wenn ich jetzt noch etwas mehr abnehme, fällt es ja nicht auf, weil ich ja Wasser trinken kann und in zwei Wochen schon entlassen werde. Und bis ich zu meinem Arzt zum Wiegen gehe, ist das bestimmt wieder drauf.

Doch ich will nicht die ganze Zeit vom Gewicht sprechen. Ist denn gar nichts bei mir angekommen, was die Therapie betrifft? Warum denke ich nicht mal darüber nach, was die Gründe für meine Magersucht sind. Ganz ehrlich. Ich kann es nicht sagen. Ich glaube, dass einfach viel zu viel auf einmal kam. Svens Tod, Matthias, der schlechte Kontakt zu Papa. Aber das sind auch nur Spekulationen, ganz sicher kann ich das auch nicht sagen. Aber ich sollte auch über andere Dinge nachdenken. Wie denke ich über Liebe, über Freundschaft, über Schönheit? Hat sich da denn nichts geändert? Also einen Freund hätte ich schon gern wieder, aber würde ich es überhaupt aushalten, mich anfassen zu lassen? Wahrscheinlich nicht. Und Freundschaft? Am liebsten würde ich alle meine Freundinnen in den Arm nehmen und mich bei ihnen entschuldigen und sagen, dass ich wieder die Alte bin. Aber bin ich wieder die Alte? Ich denke immer noch viel über das Gewicht und Essen nach, wo wir wieder beim Thema wären.

Einige Tage später, einen Tag vor dem dritten Wiegetermin (Freitag), gehe ich an der Kammer vorbei, in der die Waage steht, und bemerke, dass die Tür offen ist. Normalerweise ist sie immer verschlossen.

Sofort fängt mein Herz tierisch an zu klopfen und das Adrenalin steigt. Wenn ich mich jetzt heimlich schnell wiegen könnte, wüsste ich genau, ob ich am nächsten Morgen Wasser trinken muss, beziehungsweise wie viel. Wenn ich aber erwischt werde, wie ich heimlich in diesem Raum auf der Waage stehe, wäre es erstens tierisch unangenehm und zweitens wüsste ich nicht, was ich sagen sollte. Die Pfleger sind grade alle im Dienstzimmer, das schräg gegenüber ist.

Soll ich es wagen? Ich merke richtig, wie mein Herz bis zum Hals schlägt, doch ich kann nicht widerstehen. Ich flitze blitzschnell in die Kammer und schließe die Tür genauso schnell wieder. In rasendem Tempo ziehe ich meine Kleidung aus, damit ich genauso viel trage wie beim morgendlichen Wiegen auch, also nur Unterwäsche. Ich kann kaum beschreiben, wie ich zittere am ganzen Körper. Meine Hände zittern so stark, dass ich kaum die Waage einstellen kann, denn es ist so eine Waage, bei der man die Kilogramm-Zahl einstellen muss und die Waage sich dann einpendelt und bei dem richtigen Gewicht ins Lot kommt. Also stelle ich sie erst mal auf mein letztes Gewicht: 46,2 kg.

Doch die Waage schlägt total aus. Ich stelle sie auf 46 kg. Immer noch nichts. Je tiefer ich sie stelle, desto mehr pendelt sie sich ein. Als ich dann bei 45,5 kg angelangt bin, hat sie sich eingependelt. Aber das kann doch nicht sein, 45,5 kg? Dann hab ich ja schon wieder abgenommen. Aber ich hatte auch die letzten Tage wieder ziemlich oft ein Hungergefühl, was heißt, dass ich zu wenig gegessen habe. UND ES WAR MIR BEWUSST!!

Und was macht das mit mir? Es geht mir gut damit und ich fühle wieder Erfolg. Während ich noch überlege, ziehe ich mich wieder in rasendem Tempo an, stelle die Waage auf 0 und gucke aus der Tür. Keiner da. Ich flitze heraus, gehe in mein Zimmer und muss mich erst mal beruhigen.

Ich stehe so unter Adrenalin, als hätte ich grade einen Fallschirmsprung hinter mir.

45,5 kg.

Das heißt, ich muss am nächsten Morgen mindestens einen halben Liter trinken. Das geht ja noch. Dann muss ich mir nur den Wecker etwas früher stellen.

Und genauso mache ich es. Ich trinke eine Flasche Wasser (0,75 Liter) am nächsten Morgen, und als ich gewogen werde, wiege ich genau 46 kg. Glück gehabt. Ich bin noch im Gewichtskorridor. Doch mein Essverhalten bleibt. Ich hole das abgenommene Gewicht nicht wieder auf. Ich werde ja eh bald entlassen.

Jetzt muss ich mir nur jedes Mal vorm Wiegen den Wecker stellen und Wasser trinken. Da ich noch mehr abgenommen habe, stehe ich mittlerweile um vier Uhr morgens auf, weil ich mittlerweile zwei Flaschen Wasser trinken muss, das heißt 1,5 kg, die ich mir antrinken muss. Und da ich selten so viel getrunken habe auf einmal, muss ich mir den Wecker so früh stellen, damit ich es zeitlich schaffe, diese zwei Flaschen Wasser zu trinken.

Bin ich denn bescheuert? Das heißt, ich wiege jetzt eigentlich nur noch 44,5 kg. Warum mache ich das denn jetzt? Wieso halte ich nicht einfach die 46 kg? So hab ich jetzt jedes Mal den Stress vor dem Wiegen. Gut, auch wenn ich in einer Woche entlassen werde, hört das Wiegen ja nicht auf. Dann muss ich ja jedes Mal, bevor ich zum Arzt fahre, so viel Wasser trinken. Dann muss ich ja jedes Mal nach der Schule so viel trinken, weil das zu Hause bestimmt auffällt. Obwohl, eigentlich ist es gut, dass ich abgenommen habe, denn kurz nach der Entlassung habe ich noch zehn Tage Schule und dann geht es ja in den Sommerurlaub mit der Familie. An den Bodensee. Und wenn ich dann jetzt abnehme, kann ich den Urlaub richtig genießen, weil ich weiß, dass ich sowieso wieder ein bisschen zunehmen muss.

Dann fällt mir das Essen im Urlaub bestimmt leichter. Dann halte ich jetzt einfach das Gewicht bis zum Urlaub und ich nehme sicherlich sowieso zu, weil wir dort bestimmt auch abends essen gehen. Das heißt, ich muss mich jetzt noch einmal zwei Stunden mit Trinken quälen, dann geht es nach Hause und dann sehen wir weiter.

Wie gesagt, im Urlaub nehme ich bestimmt so oder so wieder zu. Im Vertrag steht ja auch, dass ich in den Ferien im Oktober zum Intervall für zwei Wochen in die Klinik wiederkommen soll und bis dahin muss ich ja wieder 46 kg wiegen. Aber bis dahin ist ja noch ein bisschen Zeit. Ich regele das schon irgendwie.

# 8. KAPITEL

# Vertrag gebrochen

*Juni bis September 2009*

Alles Gute, Frau Blumroth, ich hoffe, dass wir uns erst im Oktober zum Intervall wiedersehen und bei Ihnen alles gut geht«, sagen meine Therapeutin, die Ärzte und das Pflegepersonal.

Wenn die wüssten, dass ich eigentlich nur noch 44,5 kg wiege, müssten die mich ja eigentlich gleich hier behalten. Doch daran denke ich nur kurz, denn ich bin einfach nur so glücklich, dass ich endlich nach Hause kann. Nie wieder Klinik. Nie wieder. Auf dieses Intervall habe ich eigentlich auch gar keine Lust. Eigentlich möchte ich nie wieder auch nur in die Nähe einer Klinik kommen, deswegen hoffe ich, dass beim Wiegen bei meinem Arzt nichts auffällt. Doch dazu später. Jetzt verabschiede ich mich erst mal und trotz der guten und netten Behandlung denke ich: Bis hoffentlich nie wieder.

Jetzt geht es nach Hause. Endlich. Nach fast vier Monaten Klinikaufenthalt kann ich es kaum glauben, dass ich im Auto sitze und weiß, dass ich am nächsten Tag nicht wieder zurück muss. Doch ich merke auch, wie glücklich meine Mutter ist. Endlich hat sie wieder ein gesundes Kind. Endlich muss sie sich nicht mehr so große Sorgen um mich machen, endlich ist mein Körpergewicht wieder stabil. Endlich können wir wieder ein einigermaßen normales Leben führen. Endlich, endlich, endlich …

Doch ist das wirklich so?

Eine Woche nach meiner Entlassung habe ich den Termin bei meinem Arzt, um die weitere Vorgehensweise zu besprechen. Meine Mutter möchte ich gerne dabeihaben. Sicherheitshalber trinke ich vorher 0,5 Liter Wasser, obwohl ich heute noch nicht gewogen werden soll, aber man kann ja nie wissen. Eigentlich mag ich den Arzt nicht so gerne, weil ich finde, dass er kalte Augen hat, doch weil er ganz gut zu erreichen ist, gehe ich trotzdem zu ihm zum Wiegen. Da geht es mir mehr um die Gemütlichkeit. Und ich meine, Wiegen ist kein Staatsakt, ich gehe da ein Mal in der Woche hin und damit hat sich die Sache. Das besprechen wir gerade an seinem Schreibtisch, als er plötzlich sagt: »Dann würde ich Sie gerne jetzt wiegen, damit wir sozusagen das Startgewicht haben und …«

»NEIN! Ich lasse mich jetzt nicht wiegen. Heute sollte erst mal nur besprochen werden, wie es weitergeht«, unterbreche ich ihn sofort und bekomme gleich Panik. Wer weiß, wie viel ich wiege gerade?

»Aber das ist doch keine große Sache. Sie steigen auf die Waage und fertig und dann können Sie auch schon gehen. Worin liegt denn das Problem?«

»Weil ich keinen Bock habe, ich wurde gerade erst aus der Klinik entlassen und bin froh, dass ich mal ein bisschen Ruhe habe vor der Waage, da möchte ich nicht gleich sofort wieder auf die nächste«, versuche ich, mich herauszureden.

»Ja, das verstehe ich schon, aber sehen Sie es mal so, Sie sind gerade erst aus der Klinik entlassen worden mit 46 kg, dann können wir, wenn Sie jetzt hier auf die Waage steigen, sehen, ob das einen Unterschied macht, vielleicht wiegen Sie auf der Waage hier ja etwas mehr oder etwas weniger und dann können wir sozusagen das Gewicht, das Sie heute haben, als Ausgangsgewicht sehen, das in der Klinik bei 46 kg lag«, erklärt er.

»Mhm, wenn es sein muss. Aber du guckst nicht hin, Mama!«

Sofort dreht sie sich um und meint: »Nein, nein, ich gucke nicht, ich lasse das den Arzt machen.«

Ich stehe auf und möchte mich gerade ausziehen, da sagt der Arzt schon: »Ziehen Sie einfach nur Ihre Jacke und vielleicht Ihre große Kette aus, wir wollen es ja nicht päpstlicher machen als der Papst.«

Nicht päpstlicher machen als der Papst? Wiegen in Kleidung? Wie genial ist das denn? Wenn ich das gewusst hätte, hätte ich mir ja nicht so einen Stress machen müssen mit dem Wassertrinken. Das ist so genial, denn wenn ich jetzt weniger wiege beziehungsweise abnehme, muss ich einfach nur viel anziehen vorher, oder irgendwo meine Gewichte verstecken. Das merkt doch dann kein Mensch. Also steige ich komplett relaxt und glücklich über diese Wendung auf die Waage.

44,8 kg. Mit 0,5 Liter Wasser und mit Kleidung. Das heißt, dass ich wahrscheinlich schon eigentlich bei der 43-kg-Marke angelangt bin. Wie geil ist das denn. Und keiner weiß es und keiner wird es merken. Ist doch alles ganz easy. Wer hätte das gedacht! Der Arzt schaut auf die Waage und sagt: »Alles klar. Das Gewicht notieren wir jetzt und dann sehen wir uns in einer Woche wieder, in Ordnung?«

»In Ordnung?« Sicher ist das in Ordnung. Mehr als in Ordnung sogar, ich hab ja nichts zu verlieren. Außer an Gewicht. Und solange es nicht zu viel wird, ist es ja auch völlig legitim und die paar Kilos werden ja sowieso nicht bemerkt. Mit völliger Anspannung und Aufregung bin ich gekommen und mit absoluter Gelöstheit und guter Laune gehe ich wieder nach Hause. Das hätte ich nicht gedacht, dass sich dieser Arztbesuch doch so zum Guten wendet. Aber umso besser. Jetzt kann ich das alles ein bisschen lockerer angehen.

Heute geht es in den Urlaub. Die letzten zwei Wochen war ich noch zweimal beim Wiegen und habe alles gut überstanden. Ich habe einfach Wasser getrunken und mir mein 0,5-kg-Gewicht vorne in die Hose gesteckt. Obwohl ich extrem aufgeregt war und Panik hatte, hat die Arzthelferin, die mich jetzt immer wiegt, nichts bemerkt. Jetzt kann ich erst mal den Urlaub genießen, denn da muss ich ja nicht zum Wiegen. Momentan wiege ich ungefähr 43,2 kg. Dann kann ich ja theoretisch ganz beruhigt in den Urlaub fahren, weil ich weiß, dass ich, sollte ich zunehmen, es nicht so schlimm finden muss, weil ich ja sowieso nicht mehr im Korridor bin.

Trotzdem hab ich auch Schiss vor dem Urlaub, weil ich da unter ständiger Kontrolle bin. Wenn man alleine ist, ist niemand da, der sieht, ob man jetzt etwas isst oder nicht. Aber im Urlaub hab ich den ganzen Tag die Familie um mich herum. Das wird bestimmt anstrengend, denn wenn ich dann weniger oder nicht essen möchte, fällt es sofort auf und dann gibt es sofort wieder Auseinandersetzungen, auf die ich überhaupt keine Lust habe.

Aber umso besser, dass ich vorher sozusagen schon dafür gesorgt habe, dass ich abgenommen habe, dadurch hab ich eine Art

Puffer in der Gewichtsskala, denn ich möchte auf keinen Fall wieder 46 kg wiegen. Auf keinen Fall mehr als 44 kg. Es sollte höchstens die Drei vorne stehen. Hoffentlich klappt das im Urlaub. Da nehme ich bestimmt zu, wenn wir abends essen gehen. Dann muss ich das so regeln, dass ich tagsüber so wenig esse wie möglich, damit ich abends nicht so ein schlechtes Gewissen habe. Aber Moment mal? Was geht hier eigentlich schon wieder in meinem Kopf ab? Eigentlich müsste ich 3 kg mehr wiegen, also warum rede ich schon wieder von meinem schlechten Gewissen?

Na ja, egal, das ist bestimmt ganz normal, immerhin bin ich gerade erst aus der Klinik herausgekommen. Die Ärzte meinten ja auch, dass es am Anfang recht schwierig wird. Also denke ich mal, dass ich mir keine Sorgen machen muss. Jetzt wird erst mal Urlaub gemacht. Und wie gesagt, ich wette, da nehme ich total viel zu. Dass ich seit der Entlassung aus der Klinik und eigentlich auch schon vorher wieder über diese Gewichtskacke und das Diäthalten nachdenke, geht mir ziemlich auf die Nerven. Ich dachte eigentlich, dass das besser wird. Dafür hab ich ja die Therapie gemacht. Vielleicht muss ich erst wieder im normalen Leben ankommen, dann legt sich das bestimmt wieder oder pendelt sich ein. Da muss ich halt mal abwarten. Jetzt wird Urlaub gemacht. Auch wenn ich ziemlich Panik davor habe. Denn noch ein bisschen abzunehmen, hab ich eigentlich auch nichts gegen. Aber wie wird das dann mit dem Wiegen? Oh Mann. Was will ich eigentlich? Ich weiß es schon wieder nicht. Meine zwei Seiten ringen miteinander.

Und jetzt wird auch noch das Wetter immer schlechter, je näher wir unserem Urlaubsort kommen. Das kann ja was werden. Ich brauche Sonne, wenn ich im Sommerurlaub bin. Toll. Eigentlich habe ich mich gefreut und jetzt wird meine Laune durch diesen blöden Gewichtsmist wieder kaputt gemacht und wenn es jetzt auch noch so viel regnet, dann lenkt mich ja gar nichts ab und dann bewege ich mich bestimmt kaum und nehme noch mehr zu. UND SCHON WIEDER DENKE ICH AN MEIN GEWICHT! Mann ey, kann das nicht mal aufhören? Egal. Jetzt erst ankommen und die Koffer auspacken. Die Wohnung ist eigentlich ganz schön, aber das Wetter …

Beim Abendessen geht schon das erste Gezanke los. Zu Hause hat das eigentlich vor einigen Wochen wieder angefangen. Heute Abend hat meine Mutter Spaghetti bolognese und Salat gemacht und als wir alle am Tisch sitzen, häufen sich alle ihren Teller voll, weil sie so einen Riesenhunger haben. Ehrlich gesagt, hab ich auch einen Bärenhunger, weil ich nur eine halbe Scheibe Brot gefrühstückt und die Fahrt über nichts gegessen habe. Meine Mutter hat mir zwar ständig was angedreht und erst habe ich es abgelehnt, doch als sie dann wieder fast ausgerastet ist, hab ich das Essen einfach angenommen und in meiner Tasche verschwinden lassen. Mittlerweile ist es sogar schon neun Uhr abends und ich könnte ein gefülltes Pferd essen, doch ich bringe es einfach nicht über mich. Also nehme ich mir viel Salat, damit mein Teller voller aussieht, und anschließend einen Löffel Nudeln und ein bisschen Soße oben drauf. Mein Teller sieht wirklich voll aus, nur dass 90 Prozent davon nur Salat sind. Und eben das bemerkt auch meine Mutter und starrt auf meinen Teller.

»Sag mal, willst du mich eigentlich veräppeln? Ist das, was du da auf deinem Teller hast, etwa dein Ernst? Du willst mir doch wohl nicht erzählen, dass das dein Abendbrot sein soll, nach einem Brot zum Frühstück und ein bisschen was auf der Autofahrt.«

Wenn sie wüsste, dass ich nur eine halbe Scheibe Brot zum Frühstück und auf der Autofahrt gar nichts gegessen habe, würde sie mir wahrscheinlich an die Kehle springen. Doch irgendwie muss ich die Situation jetzt entschärfen. Gleich zu Beginn des Urlaubs wieder einen Essensstreit zu haben ist nicht sehr vorteilhaft. Also erwidere ich: »Oh Mama, ich hab beim Kochen gerade schon total viel probiert vom Essen, sodass ich jetzt grade ziemlich satt bin. Außerdem esse ich bestimmt nachher noch was vor dem Fernseher. Jetzt fange bitte nicht gleich schon wieder an.«

»Ich fange nicht gleich schon wieder an. Ich mache mir nur Sorgen, Hanna, noch mal mache ich das Ganze nicht mit. Und das, was du am Tag isst, ist viel weniger als in der Klinik, damit wirst du dein Gewicht kaum halten können. Ich würde sogar sagen, dass du schon wieder abgenommen hast, ich sehe das sofort. Und jetzt nimmst du dir gefälligst noch was vom Essen, sonst knallt es. Vor dem Fernseher gleich kannst du von mir aus gerne dann noch mal was essen.«

Während sie das sagt, gerät sie immer mehr in Rage und man merkt, dass sie sich extrem beherrscht, um nicht auszurasten. Am liebsten würde ich jetzt herumschreien und auf den Tisch hauen, weil ich mir nicht noch Nudeln nehmen will, auch wenn ich Hunger hab. Aber abends so viel zu essen ist überhaupt nicht gut, da nimmt man sofort zu, weil das über Nacht alles ansetzt. Aber wenn ich jetzt diskutiere, weiß ich nicht, was passiert. Deswegen maule ich nur laut und nehme mir noch einen ganz kleinen Löffel Nudeln nach. Obwohl ich eigentlich weiß, dass das nicht mal eine Drittel Portion ist, habe ich das Gefühl, dass mein Teller vor Nahrung zerbricht, doch als ich dann fertig bin, habe ich fast noch mehr Hunger als vorher, weil das wahrscheinlich gerade mal ein Tropfen auf den heißen Stein war.

Abends, bevor ich ins Bett gehen möchte, hab ich so einen tierischen Hunger, dass ich erst mal Cola light trinke. Doch das hält auch nur kurz, sodass ich in der Nacht wieder aufwache, nicht mehr schlafen kann und viel Wasser trinke. Cola light wäre mit dem vielen Koffein jetzt genau das Falsche. Am nächsten Morgen bin ich dann so fertig und Hunger hab ich trotzdem wieder. Oder noch. Aber es ist auch schon halb elf und meine Mutter hat mich gerade zum Frühstück geweckt. Einerseits denke ich wieder, Gott sei Dank gibt es was zu essen, ich hab Hunger, doch eigentlich möchte ich gar nicht essen. Möchte vielleicht doch, aber ich kann nicht.

Ich überlege jetzt schon, seit ich geweckt wurde, wie ich am besten so wenig wie möglich essen kann und Mama auf keinen Fall etwas davon bemerkt. Eigentlich weiß ich, dass es überhaupt nichts bringt, darüber nachzudenken, weil jede Situation morgens anders ist und alles Mögliche passieren kann. Aber zumindest kann ich mir einige Pläne zurechtlegen und sie ausprobieren. Jetzt zieh ich mich an und versuche, ruhiger zu werden. Das kann doch nicht sein, dass ich so eine Panik habe, jetzt zu frühstücken. Ich dachte, das soll besser werden. Warum können diese blöden Gedanken nicht einfach aufhören?

Und jetzt kann ich nicht mal mein schönes neues Kleid anziehen, weil es draußen total kalt und regnerisch ist. Da muss ich wohl meine Jeans anziehen, die ich mir vor ein paar Wochen mit Mama gekauft habe, als ich noch in der Klinik war. Da bin ich mal gespannt, wie sie sitzt, immerhin hatte ich da noch mindestens 3 kg mehr. Als ich die Jeans anziehe, bin ich komplett erstaunt. Die Jeans hängt an mir. Sie schlabbert am Po und an den Oberschenkeln. Die kann ich eigentlich unmöglich anziehen, da merkt Mama sofort etwas, immerhin saß die Jeans hauteng, als wir sie gekauft haben.

Da ruft Mama auch schon: »Hanna!!! Kommst du bitte endlich zum Frühstück. Wir warten schon alle.« Was mache ich denn jetzt? Alle Hosen, die ich mithabe, schlabbern wahrscheinlich an mir. Ich lasse sie jetzt einfach an und stehe einfach beim Frühstück nicht auf, weil es dann sofort auffällt.

»Guten Morgen.«

»Guten Morgen, Hanna, da bist du ja endlich. Jetzt haben wir schon elf Uhr, da müssen wir uns sputen, sonst ist der ganze Tag schon um. Was wollt ihr denn heute gerne machen?«, fragt Mama fröhlich in die Runde.

Ich höre gar nicht zu, weil ich ganz andere Dinge im Kopf habe. Nämlich wie ich zum Toaster gehe. Denn dann sieht Mama bestimmt sofort, wie die Hose sitzt. Als mir Matthias ein Brötchen reichen möchte, sage ich gleich: »Nein danke, ich möchte lieber ein Brot essen«, und suche mir aus dem Brotkorb das kleinste und dünnste Brot heraus und gehe zum Toaster. Ich habe das Gefühl, dass der Blick meiner Mutter auf meiner locker sitzenden Hose brennt, doch ich kann es nicht sehen, weil ich leider keine Augen am Hinterkopf hab, und denke nur die ganze Zeit: Bitte nichts merken, bitte nichts merken. Und Gott sei Dank kommt keine Bemerkung von ihr. Zurück an meinem Platz greife ich direkt nach der Marmelade, als ich bereits den »Todesblick« einfange, mit dem ich eigentlich sogar schon gerechnet habe.

»Machst du dir gefälligst Margarine oder zumindest Quark auf das Brot, so wie jeder andere normale Mensch auch? Du glaubst doch wohl nicht, dass das ein ordentliches Frühstück ist. Ein dünnes, bockelhart getoastetes Brot mit dünn Marmelade drauf gekratzt? Wir haben gleich halb zwölf. In der Klinik müsstest du jetzt gleich schon zu Mittag essen und hättest bereits zwei Mahlzeiten hinter dir. Hanna, ich guck mir das nicht lange an. Dein Verhalten ist schon wieder genauso wie vorher. Wenn sich das nicht ändert, bist du wieder in der Klinik. Ich muss da nur einmal anrufen.«

»Lass mich doch mal in Ruhe und warte erst mal ab«, schreie ich. »Du weißt doch gar nicht, was ich noch esse. Du meckerst schon, bevor ich angefangen habe. Ich esse doch noch einen Joghurt danach.«

»Weil ich mir Sorgen mache, Hanna. Die letzten Wochen hast du genauso wie vorher kaum was gegessen und du sparst schon wieder, wo du kannst. Wenn du einen von den Joghurts essen würdest, die ich gekauft habe, müsste ich ja auch nichts sagen, aber du hast dir ja schon wieder diese 0,1-Prozent-Fett-Joghurts gekauft. Da sind doch überhaupt keine Kalorien drin.«

»Haha, Mama, schön wäre es. Natürlich sind da Kalorien drin.«

Dem Himmel sei Dank, dass sie nicht weiß, dass ich die Hälfte des Joghurts weggeschüttet und mit Erdbeerstückchen aufgefüllt habe, denn dadurch hat er wirklich fast keine Kalorien. Ich stehe auf und gehe zum Kühlschrank, um mir den Joghurt zu holen, den ich auch noch eingefroren habe, damit es länger dauert, ihn zu essen, da ruft meine Mutter auch schon: »Ich glaube es nicht, Hanna. Guck dich doch mal an. Es geht schon wieder los, ich fasse es nicht. Als wir die Hose gekauft haben, hast du gerade 46 kg gewogen, und da saß sie noch ein bisschen locker, weil ich dachte, du nimmst noch zu, und jetzt hängt die Hose schon wieder an dir. Nein, jetzt reicht es. Ich hab mich die letzten Wochen wirklich zurückgehalten, aber du wiegst nie im Leben noch 46 kg. Ich rufe den Doktor der Klinik an und dann kommst du wieder hin.«

Ich kann mich kaum halten und schreie wieder los: »Willst du mich eigentlich verarschen? Tu mal nicht so, als hättest du Röntgenaugen und würdest jedes Gramm an mir sehen, das ...«

»Du bist meine Tochter, Hanna, ich sehe jedes Gramm, das an dir fehlt, und bei dir geht es nicht um Gramm, wahrscheinlich geht es bei dir schon um Kilos. Dafür braucht man keine Röntgenaugen, dafür reicht gesunder Menschenverstand. Und ich warte nicht, bis es wieder zu spät ist.«

»Ich gehe da nicht wieder hin. Nur weil meine scheiß Hose ein bisschen schlabbert. Das ist ganz normal, weil ich die jetzt schon ein paar Mal anhatte und im Geschäft war die noch ganz neu, ist doch klar, dass die dann enger sitzt.« Während ich mich um Kopf und Kragen rede, um irgendwie die Situation beziehungsweise meinen Arsch zu retten, guckt meine Mutter mich misstrauisch an und fängt an zu lächeln.

»Hanna, jetzt fange doch nicht mit der Leier wieder an. Es ist immer das Gleiche, was dann erzählt wird. Ich rufe da jetzt an und dann sehen wir weiter.«

»Nein, Mann ey! Jetzt chill mal 'ne Runde und hör mal auf, immer sofort auszurasten! Was soll die Scheiße denn jetzt!«

Doch es ist nichts zu machen. Meine Mutter steht auf und geht raus zum Telefonieren. Nach zehn Minuten ist sie wieder da und meint: »Ich habe mit dem leitenden Arzt gesprochen. Du könntest fast jederzeit wieder aufgenommen werden. Also ich mache dir ein letztes Angebot. Ich möchte, dass du gleich in eine Apotheke gehst und dich wiegst. Dann wirst du ja sehen, ob du abgenommen hast, und ich möchte, dass du mir ehrlich sagst, was du wiegst, und du dich selber kontrollierst, dass du wieder auf die 46 kg kommst, sonst geht es spätestens nach dem Urlaub wieder in die Klinik. Wenn du aber schon unter 45 kg wiegst, bringe ich dich sofort wieder hin. Und sei dir bewusst, aufgeschoben ist nicht aufgehoben. Wenn du mir nicht die Wahrheit sagst, bist du eben nach dem Urlaub wieder in der Klinik, weil du da ja wieder zum Wiegen zum Arzt gehst, und den kannst du nicht anlügen. Ist das klar?«

»Boah ja, Mann«, maule ich zurück. Meine Güte, geht mir das alles auf die Nerven. Ich dachte, das wird besser nach der Klinik. Aber nein. Es ist schon wieder alles genauso wie vorher. Was soll das denn? Kann mein Kopf nicht einfach mal normal sein? Ich versteh das nicht. Was hab ich denn falsch gemacht in der Therapie? Ich weiß es nicht. Vielleicht ist das ja normal, dass es erst mal schlecht läuft direkt nach der Entlassung. Ging ja auch recht schnell.

Zwei Stunden später, als wir gerade in Meersburg sind, kommen wir an einer Apotheke vorbei. Hoffentlich kommt Mama nicht doch mit rein, denn ich wog ja eigentlich schon in der Klinik unter 45 kg. Irgendwie ist es mir auch unangenehm, jetzt einfach in die Apotheke zu marschieren und mich zu wiegen, aber egal, ich möchte nämlich auch selber unbedingt wissen, wie viel ich wiege. Ich drücke meiner Mutter meine Handtasche in die Hände und betrete die Apotheke.

»Guten Tag. Wäre es in Ordnung, wenn ich mich einmal nur kurz eben wiege?«

»Aber sicher. Einfach draufsteigen, dann wird das Gewicht gezeigt.« Ich ziehe meine Schuhe und meine Jacke aus und steige auf die Waage. Mit Kleidung und mitten am Tag: 43,2 kg. Das heißt, dass ich morgens ohne Kleidung ungefähr 42 kg wiegen müsste. Mann oh Mann, das hätte ich jetzt nicht gedacht. Wie geil ist das denn. In vier Wochen vier Kilogramm abgenommen. Ja gut, was heißt geil. Eigentlich müsste ich dann schon längst wieder in der Klinik sein. Aber auf keinen Fall. Da geh ich nicht noch mal hin. Und wie gesagt: Ich wette, im Urlaub nehme ich total viel zu, sodass, wenn ich wieder zum Arzt muss, das bestimmt wieder aufgeholt ist. Und wenn nicht, trinke ich eben Wasser oder verstecke meine Gewichte irgendwo, das ist ja für mich kein Problem.

Obwohl ich eigentlich weiß, dass ich wieder total in die falsche Richtung arbeite, macht sich ein Gefühl von Stolz breit. Stolz über die verlorenen Kilos in der kurzen Zeit. Stolz über die Disziplin. Und einfach dieses unglaubliche Körpergefühl, weniger zu wiegen. Doch jetzt erst einmal beiseite mit diesen Gefühlsausbrüchen, denn auch Panik macht sich breit. Was sag ich denn jetzt Mama? Wenn ich ihr sage, ich wiege 46 kg, weiß sie, dass ich lüge. Wenn ich ihr sage, dass ich nur noch 43 kg wiege, bringt sie mich höchstpersönlich wieder in die Klinik. Wenn ich ihr sage, dass ich 45 kg wiege, wäre das zu zufällig. Es muss also ein bisschen ungerade sein. 45,3 kg hört sich gut an. Doch dann weiß sie, dass ich zunehmen muss, und ich wette, dann kommt sie am Tag fünftausend Mal an und will mir was zu essen andrehen, damit ich zunehme. Aber wie gesagt: 46 kg kauft sie mir nicht ab.

»Und? Komm, wir gehen eben um die Ecke, dann kannst du es mir ins Ohr sagen«, sagt sie sofort, als ich aus der Apotheke komme.

»45,3 kg«, flüstere ich in ihr Ohr.

»Alles klar, Hanna. Ich glaube dir. Dann liegt es jetzt an dir, was du daraus machst und dass du bis zum nächsten Wiegetermin wieder bei deinen 46 kg bist, denn dann kann ich auch nichts mehr machen. Und jetzt ruf bitte in der Klinik an und sag den Aufnahmetermin ab und dass du erst mal nicht kommst.«

Ich nehme ihr Handy und rufe direkt den leitenden Arzt an. Eigentlich ist er die letzte Person, mit der ich jetzt telefonieren möchte.

»Hallo, Herr Doktor, hier ist Hanna-Charlotte Blumroth, ich wollte nur erst mal den Termin absagen, den meine Mutter gemacht hat. Ich hab nur ein bisschen abgenommen, soll das dann aber jetzt wieder zunehmen bis zum nächsten Wiegetermin beim Arzt.«

»Alles klar, Frau Blumroth, dann mal viel Erfolg«, erwidert er kurz angebunden.

Die nächsten zwei Tage versuche ich, so zu essen, dass es so aussieht, als würde ich zunehmen wollen, aber ich schaffe es einfach nicht. Ich esse trotzdem weiter so, dass es zu wenig ist, um mein Gewicht überhaupt zu halten, was ich bemerke, als ich mich wieder heimlich in einer Apotheke wiege. Als der Urlaub vorbei ist, freue ich mich auf die Schule, bin aber auch sehr aufgeregt, was mich so in der zwölften Klasse erwarten wird. Außerdem gehe ich wie vorher einmal wöchentlich zu meiner Therapeutin und zum Wiegen. Doch als ich heute wieder zum Wiegen gehe, erlebe ich den größten Adrenalinkick seit Langem. Mein Herz rast so schnell, dass ich denke, dass es jeden Moment platzen könnte. Aber langsam. Als ich heute das erste Mal nach dem Urlaub zum Wiegen muss, weiß ich genau, dass ich auf jeden Fall abgenommen hab.

Theoretisch müsste ich 3 Liter trinken, doch das würde mein Magen niemals schaffen. Also ziehe ich mir meine enge Jeans an und einen weiten Pulli und stecke mir vorne in die Hose mein 2-kg-Gewicht hinein. Dann fehlt zwar noch 1 kg, aber ich hab ja auch noch Anziehsachen und Schmuck an, dann passt das schon. Während ich mit dem Fahrrad zum Arzt fahre, klappt es mit dem Gewicht in der Hose, doch beim Laufen in die Arztpraxis halte ich meine Hände vor meinen Schritt, um das Gewicht ein bisschen abzustützen. Als ich in die Praxis komme, schreit eine Arzthelferin bereits mit ihrer quieksigen Stimme: »Die Patientin zum Wiegen ist da!«

Kurz darauf kommt eine andere Arzthelferin, eine junge blonde Frau, die dafür zuständig ist, mich zu wiegen. Wir gehen wie immer in den gleichen Raum, mit der immer gleichen Waage. Ich möchte mich gerade auf die Waage stellen, als sie meint: »Könnten Sie sich bitte entkleiden? Der Arzt hat angeordnet, Sie doch in Unterwäsche zu wiegen, weil er immer nicht weiß, wie viel Gewicht er für die Kleidung abziehen soll.«

Oh mein Gott! Was mache ich denn jetzt? Ich kann mich unmöglich hier jetzt ausziehen, immerhin habe ich ein Gewicht vorne in der Hose stecken. Aber wie rede ich mich jetzt raus?

»Nein. Das finde ich aber nicht in Ordnung. Ich lasse mich heute nicht nur in Unterwäsche wiegen, weil ich finde, das hätte man mir ruhig sagen können beim letzten Mal.«

»Ja, das stimmt schon, aber es ist ja nichts dabei und ich lese das auch jetzt gerade zum ersten Mal, weil der Doktor das hier in den Computer eingetragen hat. Aber das geht doch ganz schnell.«

»Nein, das möchte ich aber nicht. Nächste Woche von mir aus, aber diese Woche noch nicht.«

Na toll, was rede ich eigentlich?

»Mhm, aber was ist denn daran so schlimm? Haben Sie ihre Periode? Ich kann das dann schon verstehen, aber Sie müssen sich nur ausziehen und ich guck auch nicht hin. Sie ziehen sich aus und ich gucke einfach nur auf die Anzeige und dann können Sie sich auch schon wieder anziehen, weil wie gesagt, der Arzt hat das so angeordnet«, versucht sie mich zu überzeugen.

»Nein, wirklich nicht. Ich möchte das heute nicht. Machen Sie es heute noch einmal so und dann ab nächster Woche.«

»Ja, gut, ich kann Sie ja nicht zwingen, aber ich bin ja diejenige, die jetzt für das Wiegen zuständig ist, und ich bekomme dann einen auf den Deckel. Wie gesagt, zwingen kann ich Sie nicht. Dann steigen Sie drauf und ab nächster Woche bitte in Unterwäsche.«

»Alles klar, okay.«

Ich würde mal sagen, da hab ich mehr als Glück gehabt. Gott sei Dank hat sie nicht den Arzt persönlich geholt. Was hätte ich denn dann machen sollen? Die Waageanzeige zeigt jedenfalls 44,2 kg. Das heißt, dass ich die 41-kg-Marke schon erreicht habe. Sofort verabschiede ich mich und laufe im Eilschritt aus der Arztpraxis und begegne auch noch dem Doktor, der gerade aus seinem Zimmer kommt. Vor lauter Panik grüße ich ihn nicht mal, sondern gucke ihn nur starr an und laufe schnell an ihm vorbei, sofort raus zum Fahrrad und nach Hause.

Zu Hause angekommen, habe ich das Gefühl, mein Herz hätte gerade mehrere Elektroschocks hinter sich. Jetzt sitze ich ziemlich tief in der Scheiße. Denn erstens würde ich es niemals schaffen, in einer Woche 2 kg zuzunehmen, geschweige denn 200 g, zweitens will ich auch gar nicht zunehmen und drittens wird es so oder so herauskommen, weil ich nie im Leben über 2 Liter trinken kann. Doch eigentlich bleibt mir nichts anderes übrig.

Eine Woche hab ich ja noch Zeit. Mist. Hätte ich mal ordentlich gegessen. Jetzt kommt bestimmt alles raus. Obwohl. Heute hat die Arzthelferin ja auch gesehen, dass ich abgenommen habe, und sie hat nichts gesagt. Vielleicht ruft der Arzt ja gar nicht die Klinik an. Denn beim letzten Wiegen hatte ich auch schon weniger und es wurde nichts zu mir gesagt. Von wegen, dass die Klinik angerufen wird oder ich zunehmen soll bis zur nächsten Woche. Wenn das der Fall sein würde, hätte ich das größte Glück überhaupt. Eine Woche später an besagtem Arzttermin wache ich morgens bereits schweißgebadet auf. Die Nacht über hab ich sowieso kaum geschlafen, weil ich die ganze Zeit überlegt habe, wie ich mich beim Wiegen noch schwerer machen kann, abgesehen vom Wassertrinken. Meine Gewichte kann ich mir ja schlecht unter die Haut transplantieren. Einen Tag vorher hab ich sogar eine meiner ehemaligen Mitpatientinnen angerufen, die seit zehn Jahren magersüchtig ist, und sie gefragt, ob sie mir nicht helfen kann, oder ob sie irgendwelche Ideen hat, um sich schwerer zu machen, doch sie meinte, das könne sie nicht machen, weil sie mich damit in meiner Krankheit unterstützen würde. Hat sie ja auch recht, ich hätte es, ehrlich gesagt, andersherum auch nicht getan, doch ich hab einfach so Schiss vor heute.

Immerhin bin ich jetzt schon mindestens 3 kg unter dem Erstgewicht. Der Vertrag mit der Klinik ist sowieso schon längst gebrochen, was so viel heißt, dass die Verantwortung wieder voll und ganz bei meinen Eltern liegt, weil ich noch nicht 18 bin. Doch zum Wiegen muss ich ja trotzdem, hinterher ruft der Arzt wirklich meine Mutter an und wenn sie das erfährt, weiß ich nicht, was dann mit mir passiert. Da kommt sie auch schon zwitschernd in mein Zimmer, um mich zu wecken: »Guten Morgen, Schatzi-Mausiiiieeeee, es ist schon halb elf, jetzt aber mal raus aus den Federn. Musst du heute nicht auch zum Wiegen?«

»Ja, muss ich. Ich dusche mich erst und dann fahr ich hin.«

»Alles klar, aber frühstücken tust du vorher noch und ich setze mich dazu.«

»Oh ja, Mann.«

Langsam stehe ich auf und gehe Richtung Küche. Hab ich schon gesagt, dass ich das Frühstücken meistens am schlimmsten finde? Weil man da noch nicht so einen großen Hunger hat. Ich zumindest. Doch ich kann es ja kaum ändern, wenn meine Mutter dabeisitzt. Jetzt muss ich sehen, was ich mache, und jedes Mal, wenn sie gerade mal nicht guckt oder ans Telefon gehen muss, lasse ich ein bisschen was von meinem Brot im Katzenklo hinter mir verschwinden und der letzte Bissen bleibt unter der Zunge versteckt und wird gleich ins Klo gespült.

»So, fertig. Ich gehe jetzt duschen und fahre dann zum Arzt.«

Ziemlich hastig stehe ich auf, schnappe mir eine leere 0,5-Liter-Wasserflasche und gehe ins Bad. Ich ziehe mich aus, steige unter die Dusche und ziehe den Vorhang so weit wie möglich zu, damit mich keiner sieht mit der Wasserflasche am Mund, wenn jemand reinkommt ins Bad, denn abschließen kann man dummerweise nicht.

Duschen wollte ich zwar so oder so, aber der Hauptgrund ist eher, dass ich so genug Zeit habe, Wasser zu trinken. Denn für eine solche Menge braucht man Zeit. Eigentlich braucht eher der Magen Zeit, um diese Mengen an Wasser zu verkraften. Meine Freundin Sarah aus der ersten Klinik erzählte mir mal, dass sie vorm Wiegen 7 Liter getrunken hatte. Das war so viel, dass ihr Blut so dermaßen verdünnt war, dass sie einen Wasserschock bekam und ins Koma gefallen ist. Aber 7 Liter sind schon heftig. Das würde niemals in meinen Magen passen, der würde platzen, bevor ich überhaupt ins Koma fallen würde. Erst mal fülle ich jetzt die 0,5-Liter-Flasche mit Leitungswasser, denn Leitungswasser ist schwerer als Sprudel und lässt sich einfacher trinken. Ein Liter ist ungefähr ein Kilo.

Theoretisch müsste ich sechs von diesen Flaschen trinken, doch das schaffe ich nie im Leben.

Als ich die dritte leer getrunken habe, also 1,5 Liter, fange ich schon an zu zittern. Mir ist total übel und ich könnte mich jeden Moment übergeben. Doch ich muss weitertrinken. Ich muss einfach. Als ich dann mit der vierten Flasche anfange, zittern meine Hände auf einmal so heftig, dass die Flasche richtig wackelt in meiner Hand. Plötzlich wird mir schwarz vor Augen und schwindelig und ich kann kaum noch stehen in der Dusche und dann muss ich mich übergeben. Nicht viel. Ich erbreche ungefähr eine halbe Flasche Wasser, doch danach ist mir noch viel schlechter als vorher und das Zittern hört gar nicht mehr auf. Jetzt muss ich auch noch das wieder trinken, was ich gerade erbrochen habe.

Was mache ich hier eigentlich? Ich stehe unter der Dusche. Doch das Duschen selber ist nur Nebensache. Ich trinke Wasser, bis ich kotzen muss, und ignoriere, dass mir schwarz wird vor Augen. Wenn ich jetzt in der Dusche umkippe, könnte ich sterben. Dieser Gedanke ist zwar da in meinem Kopf, doch erschrecken tut er mich keinesfalls. Es ist halt so, wie es ist. Also trinke ich tapfer weiter, doch ab der fünften Flasche kann ich einfach nicht mehr. Ich habe das Gefühl, dass ich jeden Moment entweder platzen oder alles wieder erbrechen würde. Das Risiko möchte ich nicht eingehen, mir kommt nämlich jetzt schon ständig fast was hoch. Ich ziehe mich schnell an, föhne mir meine Haare nur halb trocken und stürme fast aus der Wohnung.

»Bin eben beim Arzt. Tschüss.«

Auf dem Fahrrad ist mir so elendig schlecht und hinzu kommt noch die extreme Aufregung, denn ich werde heute viel weniger wiegen als beim letzten Mal. Und wenn dann plötzlich doch die Klinik angerufen wird? Lieber würde ich sterben, als noch mal in die Klinik zu müssen, das ist einfach das Schrecklichste. Ich will doch nicht meine ganze Jugend in der Klapse verbringen. Das kann doch nicht sein. Warum mache ich das eigentlich alles? Nur, um dünn zu sein? Wenn ich wenigstens sehen würde, dass ich dünn bin. Aber nein. Ich faste und faste und ich sehe nicht mal das Resultat, und alle machen sich Sorgen, dass ich jeden Moment umkippen könnte, und ich fühle mich einfach ganz normalgewichtig. Ich kann es nicht nachvollziehen, weil ich denke, dass ich aussehe wie alle anderen auch. Wie alle meine Freundinnen. Das kann doch nicht sein.

Jetzt muss ich erst mal diesen Horrortermin hinter mich bringen. Heute wiegt mich auf einmal eine andere Arzthelferin, die total streng aussieht. Auch das noch. Als ich auf der Waage stehe, schwankt sie zwischen 41,9 und 42 kg. Also atme ich tief ein, sodass sie schließlich Gott sei Dank bei 42 kg stehen bleibt.

»Sie haben schon wieder abgenommen, Frau Blumroth.«

»Mhm, ja«, sage ich nur, ziehe mich an und verlasse die Praxis. Einfach nur weg hier. Einfach nur alles vorbei. 42 kg also. Minus 2,2 kg Wasser. Dann bin ich also schon wieder im 30er-Bereich. Ganz kurz denke ich, dass es eigentlich unverantwortlich von mir ist. Gerade erst aus der Klinik raus und schon wieder starkes Untergewicht. Doch hauptsächlich bin ich einfach wieder nur stolz auf mich. Ich fühle mich wundervoll, endlich wieder unter den 40 kg zu sein. Ich könnte zerbersten vor Stolz, doch erst mal könnte ich jetzt zerbersten vor Fülle. Ich muss so was von stark auf die Toilette, immerhin schleppe ich immer noch über zwei Liter in meiner Blase mit mir herum. Doch wenn ich zu Hause direkt auf die Toilette renne, fällt das bestimmt auf. Also noch ein bisschen aushalten, Hanna.

Dafür, dass ich mich stolz und gut fühle, könnte ich mich jetzt selber schlagen. Meine Familie tut einfach alles dafür, dass ich wieder gesund werde, macht sich von morgens bis abends keine anderen Gedanken als um mich. Meine Oma wälzt seit Monaten nur noch Bücher über Magersucht, um vielleicht in irgendeinem Buch den Knackpunkt zu finden oder irgendeine Lösung, um mir zu helfen, und was mache ich? Ich arbeite einfach nur dagegen. Ich verarsche sie von vorne bis hinten. Ich verarsche den Arzt. Doch am meisten verarsche ich mich selbst. Denn kann es so weitergehen?

Wenn ich jetzt sagen würde: Okay, Hanna, es reicht jetzt. Aber so ist es nicht. Spätestens nächste Woche habe ich wieder 1 kg weniger. Nicht weil ich es plane, unbedingt 1 kg abzunehmen, sondern weil ich einfach Panik vorm Essen habe.

Ich habe Hunger und Appetit und es schmeckt mir immer alles gut, wenn ich etwas essen muss, doch wieso denke ich, dass ich von einem Apfel zunehme? Wieso denke ich das, wenn ich zugleich genau weiß, dass das physisch vollkommen unmöglich ist? Ich weiß es nicht. Ich weiß nichts. Aber eines weiß ich ganz genau. NIE WIEDER KLINIK.

Jeder würde mich jetzt fragen, wenn du doch nie wieder in eine Klinik möchtest, warum tust du dann alles dafür, dass du bald wieder hin musst? An alle, die das denken: Fragt mich was Einfacheres. Fragt mich nach der Relativitätstheorie, fragt mich nach Freuds Persönlichkeitstheorien, fragt mich nach Schillers Werken. All das könnte ich wahrscheinlich besser erklären als diese dumme Krankheit, die schlecht für mich ist und mich trotzdem immer so glücklich macht. Immer diese Gedanken ums Essen. Ich sollte mal lieber nach den Gründen forschen für meine Krankheit oder wie ich mir meine Zukunft vorstelle. So kann doch mein Leben nicht weitergehen.

Wenn ich an die Zukunft denke, denke ich nur an Gewicht. An Abnehmen, Abnehmen, Abnehmen. Dabei denke ich nicht daran, dass ich mir schade. Meine Periode habe ich schon lange nicht mehr. Meine Haare werden immer weniger. Ich friere von morgens bis abends. Meine Haut ist elendig trocken und so weiter. Aber das stört mich alles nicht.

Ein paar Tage später denke ich schon wieder daran, wie ich das mit dem Wiegen regeln kann. Ich kann nie im Leben noch mehr trinken als beim letzten Mal. Also was mache ich? Das überlege ich jetzt schon seit zwei Stunden. Immer wieder nehme ich das Telefon in die Hand und möchte in der Praxis anrufen, doch ich traue mich einfach nicht. Immer wieder übe ich den Text, den ich sagen möchte, denn ich muss so überzeugend wie möglich klingen. Es darf niemand Verdacht schöpfen. Einfach so anrufen, als wollte ich einfach nur mit der Auskunft telefonieren. Also los. Es tutet.

»Praxis Dr. Kleimer, Wecke am Apparat?«

»Ja, hallo, Guten Tag. Hanna-Charlotte Blumroth am Apparat. Ich komme normalerweise einmal wöchentlich zum Wiegen. Ich wollte nur sagen, dass ich nicht mehr zum Wiegen vorbeikommen soll, weil meine Mutter das wieder übernehmen möchte. Wäre nett, wenn Sie dass dem Arzt ausrichten könnten.«

Kurzes Zögern am Ende. Bitte frag nicht nach. Bitte frag nicht nach. Bitte.

»Mhm, ja, okay. Ich weiß nicht. Ja, okay. Ich werde es hier ausrichten.«

»Alles klar, vielen Dank. Tschüss, schönen Tag noch.«

Oh mein Gott. Ich kann es kaum glauben. Sie hat es mir wirklich abgekauft. Jetzt muss ich nur noch hoffen, dass der Arzt nicht auf die Idee kommt, meine Mutter anzurufen.

Wenigstens kann ich bei meiner Therapeutin offen zugeben, dass ich immer noch so große Schwierigkeiten habe mit dem Essen, doch wirklich weiterhelfen tut mir das auch nicht. Seit Kurzem arbeiten wir daran, dass ich wieder ein bisschen besseren Kontakt zu Papa bekomme.

Mit der Therapeutin möchte ich jetzt versuchen, mit ihm zusammen ein vernünftiges Gespräch zu führen und so die Beziehung zumindest ein bisschen zu verbessern. Möchte ich das denn?

Auch irgendwie komisch. Aber vielleicht ist das Gespräch ja auch so, dass ich danach eine klare Meinung habe. Kontakt oder nicht. Ich weiß es nicht.

Als ich dann heute in die besagte Therapiestunde komme, sitzt er bereits auf dem Stuhl. Meine Therapeutin meinte vorher, dass ich offen in das Gespräch gehen soll, ohne direkte Themen, Probleme oder Vorwürfe anzusprechen, sondern, dass jeder dem anderen sagt, was er erwartet und sich vom anderen wünscht. Da ich nicht anfangen möchte, fängt er an und holt einen Brief aus seiner Tasche, in dem er seine Wünsche an mich aufgeschrieben hat.

»Erst mal möchte ich sagen, dass ich mich sehr auf dieses Gespräch gefreut habe und hoffe, dass wir am Ende das Resultat haben, dass wir einen guten Kontakt führen, uns treffen und eine gute Vater-Tochter-Beziehung führen können. Und es ist mir egal, wie viele Sitzungen wir dafür brauchen, ich werde mir immer die Zeit nehmen.«

Während er so seinen Brief vorliest, beziehungsweise die Stichpunkte darauf, finde ich es eigentlich sehr nett, was er sagt, doch es ist so ungewohnt und eigentlich kann ich es kaum aushalten.

Doch ich möchte jetzt versuchen, dieses Gefühl mal beiseitezuschieben und das Gespräch ganz objektiv zu führen: »Mhm, ja okay. Ich denke aber auch, dass man es langsam angehen sollte, weil ich manchmal auch einfach keine Lust auf den Kontakt habe, aber vielleicht ändert sich das ja jetzt. Das Hauptproblem liegt halt darin, dass ich einfach nicht mehr möchte, dass du ständig in meiner Gegenwart über Mama und Oma sprichst. Wenn du mit ihnen ein Problem hast, kann ich das nicht ändern, aber ich möchte das nicht hören.«

Das Gespräch dauert ungefähr eine Stunde und verläuft sehr friedlich und verständnisvoll. Jeder äußert seine Wünsche an den anderen und was ihn stört, und was man von dem anderen wissen möchte. Ich würde schon sagen, dass ich das Gespräch gut fand. Eigentlich habe ich ihn schon sehr lieb. Wahrscheinlich kann ich einfach nur nicht ertragen, wie er und Mama sich immer streiten. Letztendlich schadet das ja nur den Kindern.

Meine Mutter versucht, die Probleme und Konflikte mit meinem Vater so gut wie möglich zu verheimlichen, doch es ist einfach so, dass ich es wissen muss und will. Das macht mich wütend.

Wenn ich jedoch mit dieser Wut in eine Therapiestunde gehe und sage, wie sehr ich mich über diese Streitereien ärgere, heißt es eigentlich immer: »Ja, Hanna, das mag ja alles sein, aber eigentlich dürftest du das gar nicht wissen. Das ist eine Sache zwischen deiner Mutter und deinem Vater. Da müssen die Kinder vollkommen herausgehalten werden und dürfen nichts damit zu tun haben, sodass ihr vorbehaltlos Kontakt zu ihm und ihn lieb haben könnt, denn du bist nicht deine Mutter.«

Na super! Dass ich nicht meine Mutter bin, ist mir schon klar. Doch letztendlich betrifft es in 75 Prozent der Fälle die Kinder und da ich nun mal eines seiner Kinder bin, möchte ich auch wissen, was abgeht. Ist doch verständlich oder nicht? Meine Therapeutin hat zwar eigentlich recht mit dem, was sie sagt, doch in dieser Sache fühle ich mich einfach zu sehr involviert und bin in dieser Hinsicht zu neugierig und dickköpfig.

Fakt ist, dass es womöglich das Beste wäre, gar nichts über den Streit und die Finanzregelungen zu wissen, um einen besseren Kontakt zu pflegen, doch das ist mir in diesem Fall egal, da ich finde, dass ich mit fast 18 Jahren ein Recht darauf habe, zu erfahren, was für Regelungen getroffen werden. Aber macht gerade das den Kontakt mit Papa so schwierig?

Ich weiß einfach nicht, was ich möchte, brauche und fühle.

Was die Therapie angeht, lässt sich sagen, dass sie mir, was meinen Gesprächsbedarf angeht, im Moment schon hilft, doch es ist auch so, dass das Gewicht immer weiter sinkt und somit das Essen wieder zum Hauptproblem geworden ist, und was das angeht, kann sie mir nicht helfen. Ich kann hier zwar mein Herz ausschütten, dass es so gut wie gar nicht funktioniert, doch ändern tut das rein gar nichts. Das Fasten bleibt. Das Schummeln bleibt. Das schlechte Gefühl bleibt. Die Auseinandersetzungen zu Hause über mein Verhalten und meine Figur bleiben. Und die Einzige, die das ändern kann, bin ich selber.

Und trotzdem meldet sich immer wieder meine Magersuchtsstimme zu Wort, die mir sagt: »Hanna, dir geht es gut, wenn du abnimmst. Mach weiter so und es wird dir immer besser gehen. Du wirst die Dünnste sein, am meisten Anerkennung bekommen und du kannst stolz auf dich sein. Warum solltest du daran etwas ändern wollen?«

Auch wenn mir meine gesunde Stimme immer wieder sagt: »Hanna, du musst etwas ändern, sonst landest du wieder in der Klinik. Versuche doch wenigstens, dein Gewicht zu halten, dann muss sich auch deine Familie keine Sorgen mehr machen und kann endlich mal ein normales Leben führen. Das Leben deiner Familie wird doch nur noch von Angst um dich bestimmt. Willst du das? Nein! Das willst du nicht. Guck dich doch mal an. Niemand findet dich noch attraktiv außer dir selbst. Und eine normale Jugendliche bist du schon lange nicht mehr.

Wann warst du denn das letzte Mal richtig feiern? Du kannst doch gar nicht mehr so feiern wie früher. Das Buffet starrst du immer nur an vor Hunger, aber essen tust du trotzdem nichts und die Cola light, an der du auf den Partys nuckelst, macht dich auch nicht satter, geschweige denn lustiger. Früher warst du jedes Wochenende unterwegs und jetzt? Jetzt sitzt du alleine zu Hause und denkst nur an Essen oder Nichtessen. Tolles Leben. Versuche einfach, bei der nächsten Mahlzeit mal normal zu essen, und es beizubehalten. Halte es bei und halte dein Gewicht.«

So oft höre ich diese Stimmen. Das Blöde ist nur, dass meine gesunde Stimme zwar da ist, doch sobald die nächste Mahlzeit ansteht, ist sie plötzlich weg. Und wieder wird diese Mahlzeit zur Quälerei, aus Panik vorm Zunehmen, schlechtem Gewissen, dem Bedürfnis zu schummeln und Essen verschwinden zu lassen und den Streitereien, die durch die Sorge der Familie entstehen. Es macht mich jedes Mal fertig und am liebsten würde ich mich nur entschuldigen, nachdem ich wieder alle angeschrien habe, sie sollten mich in Ruhe lassen. Doch ändern tu ich trotzdem nichts. Weil ich es einfach nicht kann.

Es ist gut, dass ich dafür meine Therapeutin habe, dass ich ihr sagen kann, wie miserabel es läuft. Das hilft einem wenigstens für diese 50 Minuten Therapiezeit. Heute ist wieder so ein Tag. Es ist

Freitag, ich habe erst um 14 Uhr Schule und um zwölf eine Therapiestunde. Ich erzähle mal wieder, dass es so viel Streit zu Hause gibt wegen mir, weil meine Mutter merkt, dass ich abnehme und wieder dem alten Muster verfallen bin. Doch diesmal ist es anders als sonst. Sie stimmt mir zu und meint: »Man sieht auch ganz deutlich, dass Sie wieder abgenommen haben. Sie wiegen doch nie im Leben noch über 40 kg. Sagen Sie ehrlich, wie viel wiegen Sie noch?«

»39,5 kg«, sage ich. Und selbst das ist gelogen, denn die 38-kg-Marke hab ich schon erreicht. Plötzlich schüttelt meine Therapeutin fassungslos den Kopf, steht auf und meint in kaltem Ton: »Tut mir leid, aber ich möchte Sie bitten, dass Sie sofort meine Praxis verlassen. Wenn ich das gewusst hätte. Warum hat mich denn der Arzt nicht längst angerufen? Wenn Ihnen jetzt etwas passiert, bin ich meine Lizenz los. Ich darf Sie schon lange nicht mehr therapieren. Bitte gehen Sie jetzt.«

Ich sitze einfach nur erstarrt auf der Couch und weiß gar nicht, was ich sagen soll. Dann stehe ich langsam auf, nehme meine Sachen und schüttele meiner Therapeutin die Hand, während sie mir sagt: »Hanna, Sie müssen auf jeden Fall wieder in die Klinik. Ich werde sofort Ihre Mutter anrufen und ihr sagen, dass ich die Therapie beenden musste. Weiß sie von Ihrem momentanen Gewicht?«

»Ähm, ich glaube schon. Aber ich kann ihr auch selbst sagen, dass die Therapie beendet wurde.«

Als ich draußen auf der Straße stehe und mein Fahrrad aufschließe, würde ich am liebsten heulen. Ich bin gerade mal zwei Monate raus aus der Klinik und mein Leben ist schon wieder total im Arsch. Der Vertrag mit der Klinik ist gebrochen, ich gehe nicht mehr zum Wiegen, meine Mutter droht mir immer wieder, mich einzuweisen, und meine Therapeutin beendet die Therapie aufgrund eines zu niedrigen BMIs. Ich kann es kaum glauben. Was soll ich denn jetzt machen? Einfach in die Schule fahren und so tun, als wäre nichts gewesen? Erst mal fahre ich jetzt nach Hause und rufe meine Mutter an, bevor meine Therapeutin es tut. Eigentlich möchte ich versu chen, ernst zu klingen, doch am Telefon muss ich sofort anfangen zu weinen: »Mama, es ist was passiert. Frau Heide hat die Therapie heute beendet, weil mein BMI zu niedrig ist.«

»Ja, ich weiß, sie hat mich gerade angerufen. Versuch jetzt erst mal, ruhig zu bleiben. Ich bin ja heute Gott sei Dank schon gegen drei zu Hause, dann reden wir darüber.«

Oh mein Gott, denke ich nur. Sie darf mich auf keinen Fall in die Klinik bringen. Das überlebe ich nicht. Was soll ich jetzt machen? In die Schule fahren? Ehrlich gesagt, bleibt mir nichts anderes übrig. Zu Hause ist noch niemand. Also fahre ich zur Schule und versuche, klar zu denken. Doch ich hab solche Panik vor der Reaktion meiner Mutter, dass das gar nicht möglich ist.

Zu Hause angekommen, ist Mama bereits da. Als ich zur Tür hereinkomme, habe ich schon Tränen in den Augen und falle ihr in die Arme. Doch sie ist nicht sauer auf mich. Eher ist sie total sauer auf den Arzt, dass er sie nicht schon längst angerufen hat oder wenigstens meine Therapeutin. Doch von dem Arzt kam noch nichts. Obwohl meine Mutter, wie ich gerade erfahre, schon mehrmals in der Praxis angerufen und um Rückruf gebeten hat.

»Hanna, so kann das doch nicht weitergehen. Du müsstest schon längst wieder in der Klinik sein, aber der Vertrag ist schon gebrochen, das heißt, die Verantwortung liegt jetzt wieder bei mir und ich kann diese Verantwortung nicht auf mich nehmen. Ich hab jetzt erst mal einen Termin bei einem Hausarzt gemacht. Der soll dich am Montag untersuchen und dir Blut abnehmen, um zu schauen, ob wenigstens organisch beziehungsweise physisch noch alles in Ordnung ist. Anschließend möchte er auch noch ein Gespräch mit dir führen und dann schauen wir weiter. Aber so kann es nicht weitergehen, Hanna. Und das weißt du auch ganz genau.«

Ein paar Tage später sitze ich mit meiner Mutter im Auto, um in eine andere Arztpraxis zu fahren. Mittlerweile hasse ich Ärzte. Ich kann sie nicht mehr sehen. Auch wenn sie mir nur helfen wollen, bin ich es einfach leid, immer in diesen blöden Praxen zu sitzen und mich ständig untersuchen zu lassen. Es sagen eh alle das Gleiche. Viel zu dünn. Lebensgefährlich. Klinik. Und heute ist es fast nichts anderes, nur dass der Arzt es mir nicht direkt sagt. Ich erfahre es hinterher von meiner Mutter: »Hanna. Auch der Doktor sagt, dass du sofort in die Klinik musst. Deine Organe und deine Blutwerte sind zwar NOCH in Ordnung, aber dein Gewicht ist nicht zu verantworten.«

»Der weiß doch überhaupt nicht, wie viel ich wiege, also kann er das doch überhaupt nicht wissen.«

»Er meinte, es hat ihm gereicht, dich zu sehen. Außerdem hat er dich ja auch untersucht. Du hast keinerlei Muskelmasse mehr, von Fettdepots ganz zu schweigen.«

»Ich gehe nicht wieder in eine Klinik. Das ist klar. PUNKT.«

»Ja aber Hanna! Du schaffst es nicht alleine. Im Sommerurlaub hab ich dir schon die Chance gegeben, selber zuzunehmen. Danach hab ich sogar gesagt, dass du wenigstens versuchen sollst, dein Gewicht zu halten. Und jetzt wiegst du schon wieder nur noch 38 kg, wenn überhaupt. Als du das erste Mal in die Klinik gekommen bist, waren es 37,7 kg. Das heißt, dass du wieder genau dort stehst wie beim ersten Mal, und da hatte ich schon Todesängste um dich. Was sollte ich denn deiner Meinung nach tun? Zusehen, wie mein Kind neben mir verhungert? Wenn eines meiner Kinder stirbt, ist mein Leben auch vorbei. Und das Leben von Oma gleich dazu, denn die kann noch einen Tod von einem Kind beziehungsweise Enkelkind nicht verkraften. Hanna. Warum tust du dir das an? Warum nur? Hab ich irgendetwas falsch gemacht? Du kannst mir das immer sagen. Du darfst mich anschreien, wenn dich was an mir stört. Du darfst mir alles an den Kopf werfen, was du willst. Ich erfülle dir jeden Wunsch, du musst es mir doch sagen. Wenn ich dir zu anhänglich bin, dann lass ich das. Oder wenn du mehr mit mir machen willst, machen wir das auch. Ich fahr mit dir zusammen in den Urlaub, wann du willst und wohin du willst. Ich tue alles für dich, aber bitte, bitte werde endlich wieder gesund. Ich möchte meine